Copyright 1999:
WWA-Verlag, Hamburg.
Alle Rechte vorbehalten. Die in diesem Buch genannten Zahlen und Sachverhalte sind von Autor und Verlag sorgfältig geprüft. Eine Garantie kann nicht übernommen werden, ebenso ist eine Haftung von Autor oder Verlag für Vermögensschäden ausgeschlossen.

ISBN 3-928991-13-2

Gerhard Ziegler

Euro & Rente

Kommende Krisen an der Schwelle eines neuen Jahrhunderts

WWA

Inhalt

Einleitung..9
Wohlstand und Sicherheit: Der Abschied naht..................11
Die D-Mark im Zeitraffer..12

1. Abschnitt: Die Rentenkrise

Die Vertreibung aus dem Paradies.................................25
Bonner Rentenarithmetik..28
Das Rentenloch..32
Abschied vom "Generationenvertrag"..............................35
Rente am Ende...40
Arm im Alter...42
Du und deine Rente..46
Prognos und seine Prognosen.......................................48
Auf dem Weg zur Einheitsrente....................................51
Deutschland schrumpft und altert..................................52
Expertenpläne in der Schublade....................................58
Die allgemeine Rentenverunsicherung..............................60
Kapitaldeckungsverfahren löst die Rentenprobleme nicht....62
Eine Pensionsflut rollt auf die Kommunen zu....................64
Schröders Garantie-Rente..66
Die grüne Rente...68
Wie es weitergeht...70

2. Abschnitt: Die Krise des Euro

Über unser Geld: Die Mark ist futsch.............................75
Mit der D-Mark den Dachstuhl isolieren?.........................80

Geldwertstabilität: Die inneren Werte unseres Geldes........83
Inflationsrate: Eine kuriose Meßlatte....................88
Das magische Viereck der Marktwirtschaft................94
Euro-Control, bitte übernehmen Sie......................97
Die Europäische Zahlungsbank..........................104
Die Wirtschaftskraft von Euroland......................110
EWSII: Draußen vor der Tür............................112
Die Erwartungen der Euro-Optimisten...................114
Der Euro als Spaltpilzoder der Hammel mit fünf Beinen.....115
Fahrplan ins Nirwana..................................120
Der Fielmann-Euro: Keinen Pfennig dazubezahlt........123
Der kostenlose Euro..................................124
Es sind doch bloß Pfennige............................126
Der ultimative Solidaritätstest.........................129
Was Wirtschaftswissenschaftler am Euro bemängeln.........134
Der Euro am Rand der Legalität........................135
Die Konvergenzkriterien...............................136
Staats-Anleihen: Der Euro-Gradmesser..................141
Währungsreform durch die Hintertür?....................145
Die Zukunft des Euro: Expedition ins Unbekannte...........149
Die Bundesbank und einige Notgroschen der Deutschen....154
Der Start: Die Optimisten jubeln........................156
Die Zukunft der Rente: Wem können Sie vertrauen?.........157

3. Abschnitt: Was tun?

Wege zur Erhaltung der Lebensqualität....................165
Kleinvieh macht auch Mist.............................168
Was aus 5 Mark täglich werden kann................... 172
Anhang: Die gebräuchlichsten Formen der Altersvorsorge........174
Wie sicher sind Lebensversicherungen?....................175
Auf Nummer sicher....................................178
Lärm um Stille Reserven...............................184
Rentenversicherung: Alternative mit vielen Variationen.......191

Investment-Fonds: Anteilig Vermögen bilden............................196
Wie das deutsche Volksvermögen angelegt ist.........................198
Ein neues Produkt: Altersvorsorge-Sondervermögen................203
Immobilien überdauern Währungen..206
Sparstrumpf ist nicht mehr Trumpf..213
Einige Hinweise..214

Einführung

Wieso gibt es eine Renten-Misere? Wir haben doch immer brav Beiträge in die Rentenversicherung eingezahlt!

Wieso ist plötzlich der Euro da? Wir haben doch keinen Politiker beauftragt, einfach unser Geld auszuwechseln!

"Die Zeitschriften sind voll mit Euro-Fragebögen, wo ich doch Antworten brauche!" läßt eine Versicherungsgesellschaft den ratlosen Hintergrundsprecher in einem TV-Spot sagen.

In der Tat gibt es viele Fragen zum Euro und zur Rente, und die Ratlosigkeit bei vielen Menschen ist groß. Diffuse Zukunftsängste machen sich breit - und werden von skrupellosen "Finanzberatern" mit allerlei dubiosen Angeboten bereits kräftig ausgenutzt.

Angst hat jeder Mensch vor dem Unbekannten, beispielsweise der Zukunft, und vor Gefahren, die er nicht oder nur schwer einschätzen kann. Aber die Angst ist immer ein schlechter Ratgeber, vor allem in Finanzdingen. Hingegen können wir mit Wissen und Mut diese Ängste überwinden und überlegt handeln! Deshalb habe ich dieses Buch geschrieben. Ohne Zweifel stehen wir vor unruhigen Zeiten mit einschneidenden Veränderungen unserer bisherigen Denk- und Lebensgewohnheiten. Mit der Einführung des Euro, das ahnen wir, geht ein Zeitabschnitt zu Ende bzw. fängt ein neuer an. Nichts wird mehr so sein, wie es einmal war, aber alles wird ungewohnt und aufregend sein. Der Euro wird in unser aller Leben eingreifen, und zwar unmittelbar und für jeden direkt spürbar, weil es allein und ausschließlich um unser Geld geht. Viele verspüren ein Unbehagen gegenüber der neuen europäischen Währung, das vor allem auf mangelnden Informationen beruht. Zwar liefern uns die Medien täglich einen Überfluß an Informationen, aber es ist nicht leicht, diese nach ihrer Bedeutung zu sortieren, auf ihren Tiefgang abzuklopfen, eventuell auch persönliche Konsequenzen daraus zu ziehen. Was wissen wir beispielsweise über die Mechanismen, die das Geschehen hinter den Kulissen von Wirtschaft und Politik hinsichtlich des Euro bestimmen? Immerhin geht es um die Stabilität des Geldes, mit dem wir fortan leben müssen. Information tut not!

Eine weitere Veränderung unserer Lebensumstände betrifft unsere Vorstellungen vom Leben in der Nacherwerbsphase, dem sogenannten Rentner-Dasein. Schon an dieser Formulierung erkennen Sie, wie wenig zeitgemäß letzterer Begriff ist, oder, genauer, wie sehr er sich gewandelt hat. Arbeitsschutzmaßnahmen und Fortschritte in der Medizin ermöglichen heute eine durchschnittlich längere Lebensspanne - und eine erhöhte Mobilität im Alter. Daher fängt mit 65 für immer mehr Menschen das Leben erst richtig an. Die Mehrzahl der neuen Rentner in den letzten Jahren ist sogar schon Jahre früher (und meist unfreiwillig) in den vorzeitigen "Lebensabend" versetzt worden - eine Folge der Arbeitsmarktsituation und -politik. Für alle aber gilt: Wie richte ich mein Leben nach der Ewerbstätigkeit ein und welche Mittel stehen mir zur Verfügung, die Pläne zu verwirklichen? Eine der bitteren Wahrheiten ist: Wer heute in das Berufsleben eintritt und sich zwangsweise an der staatlichen Rentenversicherung beteiligt, kann im letzten

Lebensabschnitt nicht mehr damit rechnen, daß ihm diese "Versicherung" eine halbwegs angemessene finanzielle Leistung bietet. Auch hier gilt: Informationen sind notwendig!

Da niemand weiß, was die Zunft wirklich bringt, werde ich der Versuchung widerstehen, mich als Prophet zu betätigen, sondern Ihnen vielmehr die heute bekannten Gefahren schildern: Der Staat hängt am Tropf, und die gesetzliche Rente ist kaputt. Der Euro wird die Probleme eher verschärfen als lösen. Wir sitzen alle in einem Boot, und die See ist im Moment ruhig und spiegelglatt. Aber das darf nicht täuschen: Morgen, spätestens übermorgen bricht der Sturm los! Dann wird das Boot tüchtig schaukeln, und wer eine Schwimmweste hat, wird definitiv im Vorteil sein!

Was also tun, damit wir eben nicht Armut im Alter erleben? Dazu gebe ich Ihnen im hinteren Teil des Buches einige kritische Anregungen. Seien Sie nicht enttäuscht, wenn diese Hinweise nicht die Form konkreter Empfehlungen oder gar "Rezepte" besitzen. Dazu benötigen Sie einen Berater Ihres Vertrauens, denn für jeden ist die Planung von Altersvorsorge eine höchst individuelle Angelegenheit. Zu unterschiedlich sind die persönlichen Wünsche - und Möglichkeiten.

Aber es gilt, Ihr Bewußtsein schärfen: In dieser Stunde sind Sie gefragt! Sie entscheiden heute, wie morgen Ihre Zukunft aussieht!

Wenn das gelingt, ist mir wohler. Und Sie können mit innerer Ruhe der Zukunft gelassener ins Auge blicken!

Gerhard Ziegler

Wohlstand und Sicherheit:

Der Abschied naht...

Hurra, es gibt neues Geld! Wurde auch höchste Zeit, denn das alte ist in die Jahre gekommen und nicht mehr viel wert! In einem halben Jahrhundert ihrer Existenz hat die "harte" Mark so gut wie drei Viertel ihres Wertes verloren - wer will denn solches Geld überhaupt noch haben?

Nun, zum Beispiel die Menschen im Osten Europas! Dort sind mindestens 100 Milliarden D-Mark im Umlauf oder werden gehortet. Wer D-Mark besitzt, schätzt sich glücklich, denn er hat quasi eine Garantie, daß der Wert dieses Geldes stabil bleibt, mögen in der Umgebung auch Bürgerkriege toben oder Inflationen die nationalen Währungen täglich wertloser machen. Bald werden diese Menschen wieder mit dem US-Dollar als Ersatzwährung leben oder halt die D-Mark in Euro tauschen müssen. Wie kann es kommen, daß die Mark soviel an Wert verloren hat und trotzdem so angesehen ist? Von den 40 Mark Kopfgeld, das jeder Bewohner der Westzone am 20. Juni 1948 ausgezahlt bekam, sind heute vom Wert

Die D-Mark im Zeitraffer

20. Juni 1848: Die D-Mark wird in den drei westlichen Besatzungszonen eingeführt

24. Juli 1948: Als Reaktion führt die "Ostzone" die "Deutsche Mark der Deutschen Notenbank" ein (später "Mark der DDR").

28. September 1949: Die D-Mark wird abgewertet. Für die nächsten 10 Jahre entspricht ein Dollar 4,20 D-Mark.

1. August 1957: In Frankfurt nimmt die Bundesbank ihre Tätigkeit auf.

29. Dezember 1958: Die D-Mark kann ohne Beschränkungen umgetauscht werden.

10. Mai 1971: Der Wechselkurs der D-Mark wird freigegeben.

24. April 1972: Die EG-Länder legen in der "Währungsschlange" Bandbreiten für Kursschwankungen fest. In den kommenden Jahren geraten viele Währungen gegen die starke Mark unter Druck.

Oktober 1973: Erste Ölkrise. Die Inflationsrate steigt auf 7 Prozent

13. März 1979: Das Europäische Währungssystem EWS tritt in Kraft und löst die "Währungsschlange" ab.

1. Juli 1990: Die D-Mark wird gesetzliches Zahlungsmittel in der DDR.

7. Februar 1992: In Maastricht wird der Vertrag über eine europäische Wirtschafts- und Währungsunion unterschrieben.

1. Juni 1998: Die Europäische Zentralbank EZB nimmt in Frankfurt ihre Arbeit auf.

1. Januar 1999: Der Euro ist eingeführt, die EZB für die Währungsstabilität verantwortlich.

30. Juni 2002: Die Gnadenfrist ist abgelaufen, die D-Mark-Scheine sind alle umgetauscht.

her nur 10,64 Mark übrig geblieben. Eine Mark hat also in 48 Jahren 73,4 Pfennig verloren. Die Erklärung liegt in der schleichenden Inflation, von der auch die D-Mark nicht verschont geblieben ist. Über eine längere Zeitspanne machen sich auch sich auch niedrige Inflationsraten unangenehm bemerkbar.

Für die D-Mark hat das Statistische Bundesamt von 1950 bis 1995 eine durchschnittliche Inflationsrate von drei Prozent ermittelt - gemessen am Preisindex für eine vierköpfige Familie mit Durchschnittseinkommen Den anderen Währungen ist es aber noch schlechter ergangen, und so steht die D-Mark im internationalen Vergleich ähnlich "stabil" da wie der Schweizer Franken (3,3 Prozent Inflation im gleichen Zeitraum). Für andere Länder lauten die Zahlen: USA 4,2%, Japan 4,8%, Frankreich 5,9%, Großbritannien 6,6%, Italien 7,4%, Spanien 8,5%. Was zum Erfolg der D-Mark beitrug: Der Einkommenszuwachs war stets weit höher als die Inflation. Ein Industriearbeiter verdiente 1995 in einer Arbeitsstunde fast 19mal soviel wie 1950. Heute ist sein Bruttolohn für eine 35- bis 36-Stunden-Woche rund 15mal so hoch wie 1950, als er noch 48 Stunden arbeiten mußte.

Vor allem das Vertrauen in den stabilen Geldwert ist es, was eine Währung "stark" macht. Dieses Vertrauen kann nur durch eine entsprechende Geldpolitik der Zentralbank geschaffen werden - und über einen längeren Zeitraum. Nun kann der Euro nichts dafür, daß er nagelneu ist und sich erst bewähren muß. Aber es erklärt, warum so viele Menschen angesichts der anstehenden Währungsreform ein dumpfes Unbehagen verspüren. Was die Vergangenheit gebracht hat, das kennt man. Was die Zukunft bringen wird, das bleibt ungewiß. Die Sache mit der D-Mark, das ist zudem ein Stückchen Lebensgefühl. Für die Westdeutschen, jedenfalls. Sagte nicht ein Wirtschaftsminister, mitten im "Wirtschaftswunder", voller Stolz: "Wir sind wieder wer!" Und auf ging`s mit der BMW-Isetta in den sonnigen Süden nach Italien. Den Spruch "Wenn`s an der Bergwand heult, dann ist`s ein Lloyd" verstehen heute nur noch ältere Menschen, die diesen motorisierten Pappkarton selbst noch gesteuert haben. Den jüngeren führt man heute Nierentische und andere Erzeugnisse des "Gelsenkirchener Barocks" in zeitgeschichtlichen Museen vor. In den Augen der Deutschen ist die D-Mark vor allem mit der Erfolgsgeschichte der sozialen Marktwirtschaft verknüpft. Mit der D-Mark hielt damals eine neue Wirtschaftsordnung Einzug, deren Erfolg - wie jetzt beim Euro - zunächst von vielen angezweifelt wurde. Die Erfolgsstory hielt ein halbes Jahrhundert! Ein kurzer Rückblick auf das, was wir mit der D-Mark verbinden, sei gestattet:

Kein anderes Wirtschaftssystem hat den Deutschen soviel Wohlstand beschert und gleichzeitig ein so dichtes Netz sozialer Sicherheit geknüpft wie das der sozialen Marktwirtschaft. Wenige wissen aber heute noch, daß an ihrem Anfang 1948 ein kurioses Mißverständnis stand. Deutschland lag in Trümmern, das Land war in Besatzungszonen aufgeteilt, die Versorgungslage der Bevölkerung bereitete erhebliche Probleme. Care-Pakete bewahrten viele vor dem Hungertod. Während in der „Ostzone" nichts anderes als der Aufbau einer Planwirtschaft in Frage kam, war die wirtschaftliche Zukunft in der „Westzone" unter amerikanischer und britischer Verwaltung höchst ungewiß. Eigentlich schwebte den meisten der damals verantwortlichen Köpfe ebenfalls ein dirigistisches, vom Staat sehr direkt gelenktes Wirtschaftssystem vor. Nur „von oben", so dachten viele, könnte man notwendige soziale Reformen durchsetzen.Da stellte der Zufall die Weichen: Der Wirtschaftsdirektor der amerikanischen und britischen Zone, Johannes Semler, machte eine unbedachte Bemerkung. Die Amerikaner, so beklagte er sich öffentlich, verlangten von den Deutschen noch Dankbarkeit für den Mais, obwohl dieser doch aus Exportgewinnen auf Mark und Pfennig bezahlt war.

In der Übersetzung geisterte freilich nur das Wort „chicken feed" durch die Öffentlichkeit. Insbesondere in Amerika brachte das die politisch Handelnden in Harnisch. Denn in der amerikanischen

Umgangssprache besitzt das Wort chicken feed zugleich die Bedeutung von Unerheblichkeit, Bedeutungslosigkeit, letzter Dreck. Den Deutschen wurde also Undankbarkeit und Arroganz unterstellt, Semler wegen „böswilliger Opposition gegen die Besatzungsmächte" sofort gefeuert.

Damit schlug die Stunde Ludwig Erhards, dem Nachfolger Semlers auf diesem Posten. Der nämlich war ein überzeugter Verfechter einer möglichst freien, nur vom Konsumenten gesteuerten Marktwirtschaft. Nur so, meinte Erhard, ließe sich in breiten Bevölkerungskreisen Wohlstand schaffen.

Ein Jahr später war Erhard Wirtschaftsminister, rauchte dicke Zigarren und führte eine freie Wirtschaftsordnung mit sozialen Komponenten ein - eben die soziale Marktwirtschaft. Als „Vater des deutschen Wirtschaftswunders" lebt Erhard heute in der Erinnerung fort. Er war der überzeugte Promotor auf der politischen Bühne, aber keineswegs der Urheber der neuen Wirtschaftsphilosophie. Details und der Begriff der sozialen Marktwirtschaft stammten von Alfred Müller-Armack, Professor für Volkswirtschaftslehre, ein Anhänger liberaler Ideen. Als Staatssekretär im Bundeswirtschaftsministerium konnte er noch bis 1963 seinen Ideen den letzten Schliff geben. Denn das, was wir heute als Soziale Marktwirtschaft oder verkürzt (und damit unpräzise) als Marktwirtschaft bezeichnen, war damals nicht mehr als ein theoretisches Gebilde, das mit fortschreitendem Aufstieg von Industrie, Handel und Wandel den Gegebenheiten angepaßt werden mußte.

Die Grundidee aber muß damals - im Zeitalter der Zwangsbewirtschaftung und Lebensmittelkarten - einigermaßen abenteuerlich geklungen haben: Eine freie Marktwirtschaft, in der allein der Verbraucher durch sein Kaufverhalten die Preise und den Nachschub von Waren steuerte und sicherstellte. Nicht mehr der Staat sollte vorschreiben, welche Bedürfnisse (bzw. deren Erfüllung) dem Bürger zustanden - der souveräne Verbraucher konnte fortan daran mitbestimmen! Der Konsument als König! Später wurde daraus der „mündige Bürger" - das klang wohl irgendwie anspruchsvoller, wies aber gleichzeitig auf einen Schwachpunkt hin: Der Verbraucher als Souverän mußte lernen, seine Marktmacht überlegt einzusetzen, sollte das System auf ideale Weise funktionieren. Keine Planungs-, Lenkungs- und Versorgungswillkür mehr! Angebot und Nachfrage, also der Markt, sollten nun den Lauf der Wirtschaft lenken. Produzenten waren durch die Macht des Staates gezwungen, nur solche Waren herzustellen, die auch gekauft wurden. Zusätzlich mußten sie auf den Preis achten: Bot der Wettbewerber am Markt bessere und billigere Produkte an, sank der Absatz - das Unternehmen mußte sich etwas einfallen lassen. Der Wettbewerb als Motor des Fortschritts, gesteuert vom Konsumenten!

Wie rasch und wirksam der Konsument tatsächlich eine Wirtschaft steuern kann, lehrt die jüngste Geschichte. Nach der Einführung der D-Mark in der Ex-DDR führte die Sucht der neuen Bundesbürger nach „Westwaren" schnell dazu, daß viele „einheimische" Lieferanten zunächst auf ihren Produkten sitzenblieben und um ihr Überleben kämpfen mußten. Das war freilich nur ein kleiner Ausschnitt aus dem großen Markt, genauer gesagt, aus der Vielzahl der Märkte. Denn in einer Marktwirtschaft gibt es nicht nur Märkte für Konsumartikel und Investitionsgüter (Maschinen und Anlagen beispielsweise), oder für Agrarerzeugnisse, sondern unter anderem auch solche für das Kapital und, selbstverständlich auch für die Arbeit - den Arbeitsmarkt.

Der Arbeitsmarkt bietet im übrigen ein gutes Beispiel dafür, wie aus dem Gedanken einer freien Marktwirtschaft die Idee der sozialen Marktwirtschaft abgeleitet wurde: Eine wirklich freie Marktwirtschaft - das wäre Kapitalismus pur. Sie wissen schon: Der böse Unternehmer aus dem Marx'schen Bilderbuch, der den Arbeitnehmer im Lohn drückt, knechtet, ausbeutet und den "Mehrwert" in seiner Villa verpraßt.

Der Begriff soziale Marktwirtschaft beeinhaltet: Der Staat greift immer dann in das freie Spiel der Kräfte ein, wenn sich eine unsoziale Entwicklung anbahnt. Manchmal lesen wir in der Zeitung: „Der Arbeitsmarkt ist leergefegt". Angesichts der vielen Arbeitslosen kann es sich bei solchen Meldungen nur um ein bestimmtes Marktsegment handeln, etwa den Markt für Facharbeiter im Elektrobereich. Es bedeutet: Viele offene Stellen können nicht besetzt werden, weil entsprechend qualifizierte Arbeitskräfte fehlen.

So gibt es auf der einen Seite häufig einen dringenden Bedarf an bestimmten Arbeitskräften, auf der anderen Seite mangelt es zugleich an Arbeitsangeboten für weniger qualifizierte Anbieter. In einer freien Marktwirtschaft könnten die weniger qualifizierten Berufe sicherlich auch Arbeit finden - sie müßten sich in ihrem Arbeitslohn allerdings gegenseitig kräftig unterbieten - und das geht nun wieder nicht.

Aus der Sicht eines Marktwirtschaftlers: Würde der Preis für die „Ware" Arbeit sinken, würde die Nachfrage (der Arbeitsplatzanbieter) natürlich steigen. In unserem Wirtschaftssystem sagen wir allerdings: das wäre unsozial. Folglich gibt es festgelegte Mindestlöhne, Kündigungsschutz und viele andere soziale Komponenten mehr. In der sozialen Marktwirtschaft besitzen Arbeitgeber und Arbeitnehmer sogenannte Vertragsfreiheit. Sie dürfen sich zu Vereinigungen zusammenschließen. In der Praxis: Arbeitgeberverbände und Gewerkschaften besitzen Tarifautonomie, sie handeln die Löhne frei untereinander aus. Die jeweilige Regierung muß sich heraushalten - selbst wenn es zu Arbeitskämpfen und Streiks kommt.

Bei der Organisation des Arbeitsmarktes selbst hat der Staat hingegen gemeint, er müsse die Kontrolle behalten, um Mißbrauch bei der Arbeitsvermittlung vorzubeugen. Deshalb werden die Arbeitsämter von Beamten bzw. vom Öffentlichen Dienst betrieben. Schließlich geht es hier auch um Geld, zum Beispiel die Auszahlung von Sozialleistungen. Zugleich erhält der Staat an diesen Stellen die aktuellen Informationen (Zunahme oder Abnahme der Arbeitslosen), um mit anderen Instrumenten lenkend auf die Wirtschaft Einfluß zu nehmen.

Die Einflußnahme des Staates - das ist das Stichwort, das Wesen der sozialen Marktwirtschaft aufzuzeigen: Der Staat ergänzt die Spielregeln der freien Marktwirtschaft um soziale Elemente. Drei Ziele stehen dabei ganz obenan. Das erste: Die Stärkung der persönlichen Freiheit. Das bedeutet nicht nur die bestmögliche Bedürfnisbefriedigung (Konsumfreiheit) und Mehrung des persönlichen Wohlstandes, sondern in der Praxis auch: Freie Berufswahl, Niederlassungs- sowie Gewerbefreiheit, und natürlich die Wettbewerbsfreiheit.

Das zweite Ziel: Gesellschaftliche Gerechtigkeit. Der wachsende Wohlstand muß gerecht verteilt werden. Der Staat kann dies unter anderem dadurch erreichen, indem er gesellschaftlichen Gruppen Vorteile verschafft (z.B. Rentenerhöhungen) oder Zuschüsse und Steuererleichterungen für bestimmte Sparformen gewährt. Die Steuerpolitik ist selbstverständlich ein Hauptinstrument für die sogenannte „Umverteilung" des Volkseinkommens. Den Besserverdienenden wird proportional per Steuern mehr Geld abgeknöpft als den Niedrigverdienern - und in Form von Sozialleistungen oder Fördermaßnahmen fließen diese „Transfergelder" den weniger Verdienenden zu.

Das dritte Ziel: Soziale Sicherheit. Hierunter fallen alle Maßnahmen des Staates, die dazu beitragen, jedem Bürger in Notfällen des Lebens ein menschenwürdiges Leben in Freiheit und Würde zu sichern. Hier greift der Staat - beispielsweise in den Feldern Sozial-, Kranken- und Rentenversicherung sehr intensiv ein. Das Beispiel Sozialversicherung: Sie ist notwendigerweise eine Massenversicherung, die das unterschiedliche Risiko des Einzelnen nicht berücksichtigen kann. Alle zahlen den gleichen Beitrag nach dem

Prinzip: Einer für alle, alle für einen. Jedenfalls wird das den Leuten immer wieder erzählt.

Da einerseits die Prämien nicht beliebig hoch angesetzt werden können, andererseits aber gewaltige Leistungen erbracht werden müssen, wird diese Versicherungsform immer lediglich einen Mindestschutz gewährleisten können. Der war bis vor wenigen Jahren aber noch angenehm hoch.

Ein Element der freien Marktwirtschaft (und darüber hinaus im Grundgesetz verankert) ist ferner die Unantastbarkeit des privaten Eigentums (auch des Eigentums an Produktionsmitteln) und sein unbeschränkter Gebrauch. In der sozialen Marktwirtschaft schiebt der Staat allerdings einen Riegel vor: Der Gebrauch von Privateigentum darf nicht gegen das Wohl der Allgemeinheit gerichtet sein. Folglich gibt es auf diesem Gebiet erhebliche Einschränkungen. Ein Sektor, auf dem die Beschränkungen rapide zunehmen, ist beispielsweise der des Umweltschutzes. Noch drastischer sind sie freilich im Bereich der Wettbewerbsfreiheit. Denn hier greift der Staat mitunter sehr direkt und massiv ein - bis zu einem Grad, an dem man durchaus von starker Lenkung der Wirtschaft sprechen kann.

Ein abschreckendes Beispiel ist der Agrarmarkt, sowohl auf nationaler wie auf europäischer Ebene. Längst produzieren zuviele Bauern zuviele landwirtschaftliche Erzeugnisse. In einer freien Marktwirtschaft würden die Preise für Kartoffeln, Butter, Milch und Fleisch angesichts des Überangebots längst in den Keller gepurzelt sein. Der Verbraucher würde sich angesichts der Billigpreise freuen - aber eine ganze Bevölkerungsgruppe müßte verelenden bzw. ihre Erwerbsquelle, die Landwirtschaft aufgeben. Der Preissturz würde hier durch ein momentanes Überangebot bewirkt. Schnell aber würde es weniger Landwirte geben - aber wesentlich höhere Preise für unsere Grundnahrungsmittel.

Also griff der Staat zu dem beliebten Mittel der Subventionierung. Vereinfacht dargestellt: Die Preise wurden gestützt, indem der Staat die Produktionsüberschüsse vom Markt wegkaufte. Das wiederum animierte die Bauern, noch mehr anzubauen. Die Folge sind die bekannten Butter-, Zucker- und Fleischberge, die mit Milliardenaufwand in Hallen und Kühlhäusern gelagert werden müssen. Abgesehen davon, daß niemand darüber glücklich sein kann, daß angesichts des Hungers in anderen Teilen der Welt Lebensmittel auf Halde gelegt sind, ist es zugleich eine gigantische Verschwendung von Steuergeldern.

Der Bundesbürger zahlt bei diesem Verfahren gleich dreimal: Einmal, wenn die Überschüsse zum von der Europäischen Gemeinschaft festgesetzten Preis aufgekauft werden, zum zweiten für die kostenaufwendige Lagerung und zum dritten, wenn die Bestände zu Dumping-Preisen verschleudert werden. Wir sehen: Eine soziale Marktwirtschaft kann keineswegs alle Probleme elegant lösen. Gerade, wenn sie aus sozialer Verpflichtung zu stark lenkend in den Ablauf der Dinge eingreift, stößt sie schnell an ihre Grenzen. Subventionierungen sind keineswegs unsinnig und können auch aus anderen Gründen gewährt werden - etwa um zurückgebliebene Gebiete und Wirtschaftszweige zu fördern, wie es jetzt beispielsweise in den neuen Bundesländern geschieht. Auf Dauer aber verfälschen sie den Wettbewerb.

Einen anderen massiven Eingriff des Staates in das Wirtschaftsleben und in den Wettbewerb stellt das sogenannte Kartellgesetz dar. Es verhindert, daß sich Unternehmen einer bestimmten Branche zusammentun, zu großen Konzernen fusionieren oder schlichtweg geheime Absprachen über Preise oder Vertriebsgebiete treffen. Nach dem ersten Weltkrieg war das in der deutschen Wirtschaft gang und gäbe. Man denke nur an das Chemie-Kartell IG-Farben. Nicht das Kartellgesetz selbst, das auch als „Grundgesetz der sozialen Marktwirtschaft" bezeichnet wird (weil es den Wettbewerb schützt), sondern seine Auslegung und Anwendung sind gelegentlich umstritten. Denn selbstverständlich kommt es in einer freien Wirtschaft immer wieder vor, daß sich kleinere Unternehmen zu einem größeren zusammenschließen. Aber wenn ein Großer alle Kleinen seiner Branche schlucken will und damit den Wettbewerb außer Kraft setzt, dann gerät die Marktwirtschaft aus der Bahn. Das Bundeskartellamt im Berlin hat daher eine der wichtigsten Aufgaben in unserem Staat. Es muß rechtzeitig alle Tendenzen erkennen, die den Wettbewerb einschränken oder behindern könnten. Und es hat die Macht, auch große Konzerne, die noch größer werden möchten, in die Schranken zu weisen oder, was viel häufiger vorkommt, Wettbewerbsverstöße aufzudecken und zu bestrafen. Dies geschieht übrigens auch längst auf europäischer Ebene, und gegenwärtig wird sogar um die Einrichtung einer entsprechenden Weltbehörde gerungen.

Die soziale Marktwirtschaft, so sehen wir, läuft nicht nach einem festgefügten Plan ab. Der Staat greift hier und dort in das Wirtschaftsgeschehen ordnend ein, wenn die politischen Kräfte meinen, daß aus sozialen Gründen etwas unternommen werden müßte. In einem Mehr-Parteien-System gibt es dann folgerichtig immer wieder unterschiedliche Ansichten, wie weit sich der Staat in bestimmten Feldern engagieren sollte. Wo in einer Planwirtschaft Parolen der Häuptlinge genügen, müssen in einer sozialen Marktwirtschaft echte Problemlösungen her. Das bedeutet Diskussionen, auch heftigen Streit - und am Ende ein Kompromiß, der nicht alle, aber doch wohl die meisten einigermaßen zufriedenstellt.

Per Saldo bleibt die Erkenntnis, daß dieses Wirtschaftssystem die Freiheit des Einzelnen und seine wirtschaftlichen Chancen so wenig wie möglich einengt und breiten Kreisen der Bevölkerung zu einem in der deutschen Geschichte bisher unbekannten Wohlstand verholfen hat. Insofern könnten wir die Währungsumstellung eigentlich gelassen hinnehmen.

Warum bleibt das Unbehagen vor dem Euro-Abenteuer? An dem Wirtschaftssystem, das auch unsere europäischen Nachbarn freilich in unterschiedlicher Ausprägung verwenden, das zumindest wir Deutschen aber in engem Zusammenhang mit der D-Mark sehen, ändert sich doch nichts. Oder doch?

Es ist in unserem Lande zumindest das subjektive Gefühl verbreitet, die soziale Komponente der Marktwirtschaft sei am Ende, zumindest nicht mehr im gewohnten Umfang auf hergebrachte Weise bezahlbar. Ich befürchte, daß diese diffuse Einstellung - auch objektiv gesehen - leider zutreffend ist. Unsere Sozialsysteme sind in dieser Form nicht mehr zu finanzieren. Von manchen Errungenschaften haben wir bereits begonnen, scheibchenweise Abschied zu nehmen. Der Abschied von der D-Mark kommt zu einem Zeitpunkt, wo der Bürger - gewohnt, daß ihm der Staat von der Wiege bis zur Bahre ein Mindestmaß an sozialer Sicherheit gewährt - ohnehin verunsichert ist, hat er doch bereits die ersten schwerwiegenden Einschnitte (Rentenreform, Gesundheitsreform) miterlebt.

Es besteht wenig Zweifel, daß es von hier an kontinuierlich und unvermeidbar weiter abwärts gehen wird. Das heißt nicht, daß es in Zukunft keine Pläne und Konzepte geben wird, diesen Wandel möglichst "sozialverträglich" zu gestalten. Aber es bedeutet: Auf den Staat ist kein Verlaß mehr. Dies gilt vor allem für diejenigen, die erst in zehn, zwanzig oder 30 Jahren größere Leistungen wie die Rente vom Staat erwarten. Da wird es - ob mit oder ohne Euro - ein fürchterliches Erwachen geben.

Es sei denn, jeder erkennt heute angesichts der Währungsumstellung, daß mit der Einführung des Euro zugleich ein historischer Abschnitt zuende geht: Der Sozialstaat alter Prägung, der in nicht geringem Umfang bei seinen Bürgern auch die Eigenverantwortung für ihr Schicksal abgenommen hatte, steuert unaufhaltsam dem Ende entgegen. Der Euro hat das nicht verursacht, er markiert lediglich den Zeitpunkt vom Beginn einer Epoche mit dramatischen Umwälzungen und Einschnitten in das Leben von Millionen Menschen.

Viele sehen den Euro als Antwort und eine der Problemlösungen auf die Herausforderungen von Gegenwart und Zukunft (Verschärfung des Wettbewerbs durch Globalisierung und neue Technologien). Andere meinen, bestehende Probleme würden zu diesem Zeitpunkt nur verschärft. Wir werden sehen. Tatsache aber bleibt: Jeder von uns ist aufgerufen, sich jetzt mehr als bisher Gedanken um die eigene finanzielle Zukunft im Alter zu machen - und entsprechend zu handeln, denn wir nehmen nicht nur von der D-Mark Abschied, sondern auch von einem Zeitalter relativer Geborgenheit.

Dies betrifft insbesondere unsere Systeme der gesetzlichen Alters- und Krankenversorgung. Sie sind am Ende. Kaputt! Ratlos schieben die Politiker zwischen diesen beiden Systemen und der Arbeitslosenversicherung Gelder hin und her.

Eine der großen Errungenschaften, die wir mit dem von der Marktwirtschaft geschaffenen Sozialstaat verbinden, hat eine ähnlich ungewisse Zukunft wie die neue Währung, die das Aushängeschild D-Mark ablöst.

1. Abschnitt: Die Krise um die Rente

Seit mehr als einem Jahrzehnt versucht sich der Staat als Reparaturbetrieb an der gesetzlichen Rentenversicherung. Das sind einige der Probleme: Immer mehr Frührentner, die die Rentenkassen belasten. Eine hohe Zahl von Arbeitslosen, deren Beiträge zur Sozialversicherung aus Steuermitteln erfolgen muß. Die Befrachtung des Rentensystems mit "versicherungsfremden" Leistungen. Leere Staatskassen, insbesondere die der Sozialsysteme. Gestiegene Lebenserwartung der Rentner, die länger als früher die Rentenkassen in Anspruch nehmen.

Alles herumdoktern ging bislang einher mit Abstrichen an der Leistung, die insbesondere kommende Rentnergenerationen spüren werden. Alle bisherigen Reparaturversuche werden indes von einem biologischen Problem überlagert: Die Relationen zwischen "jungen" Menschen (die im Erwerbsleben stehen) und "alten" Menschen, die sich auf den "Generationenvertrag" berufen, stimmen nicht mehr: In Windeseile marschieren wir in eine "Gesellschaft der Greise". Bereits im zweiten Jahrzehnt des neuen Jahrhunderts wird diese Entwicklung in ganzer Schärfe auf uns alle zukommen.

Dieser Abschnitt zeigt: Wer heute ins Berufsleben eintritt (und sich zwangsweise an der Rentenversicherung beteiligt) kann nur mit einem rechnen: Das Schicksal seiner späteren Rente ist höchst unsicher!

Wohl dem, der heute Rentner ist:

Die Vertreibung aus dem Paradies

Willkommen im Paradies der Rentner! Und das ist keineswegs satirisch gemeint. Ich behaupte allen Ernstes: Noch nie ging es so vielen Rentnern so gut wie heute! Wer heute schon Rentner ist, sollte täglich niederknieen und seinem Schöpfer für die Gnade der **frühen Geburt** danken! Wer heute 45 oder 50 Jahre alt ist, wird dagegen im Jahr 2015 oder 2020 verfluchen, daß er nicht schon gegen Ende des alten Jahrhunderts in Rente gehen konnte!

Ja, so sieht es aus: Die Rentnerzukunft wird - über alles gesehen - immer düsterer, weil die staatlichen Sozialsysteme zusammenbrechen werden. Eigentlich sind sie heute schon am Ende, aber lautes Pfeifen im Wald macht bekanntlich vorübergehend Mut. Im Moment pfeifen unsere Politiker besonders laut eine Melodie: Der Mehrzahl der heutigen Rentner gehe es doch blendend. Mit der Wahrheit lügen - hier haben Sie ein besonders zutreffendes Beispiel für diese Kunst. Scheinbar unterstrichen werden die Illusionen, wenn wir einen Blick in die Zeitungen und Magazine werfen. Dort wird ein optimistisches Bild entworfen, unterstützt durch Studien wie zum Beispiel die des Freizeit-Forschungsinstituts der BAT: Danach empfinden die heutigen Ruheständler - im Gegensatz zu den 80er Jahren - ihre Lebenssituation als einen "Freiheitsgenuß pur". Sie genießen das "Nichtstun mit Selbstbewußtsein und ohne schlechtes Gewissen", leben "spontan" und stellen zugleich sehr viel höhere Ansprüche auf ihr Leben im Hinblick auf Familie, Freunde, soziale Kontakte, Mobilität und außerhäusliche Unternehmungen. Alles tun können, nichts tun müssen, heißt die Devise der flotten Greise und Greisinnen, die in Wahrheit oft Mittfünfziger sind - vorgezogener Ruhestand, ausgemustert aus dem Erwerbsleben.

Wer noch nicht Rentner ist, es aber bald wird, bereitet sich schon zielstrebig auf den goldenen Herbst des Lebens vor: Volkshochschulen und andere Bildungseinrichtungen müssen immer mehr Spanisch-Kurse einrichten, deren Teilnehmer zu einem nicht geringen Teil aus Leuten besteht, die in Spanien bereits ein Häusle erworben haben oder zumindest mit diesbezüglichen Plänen liebäugeln. Im Alter auf der Sonnenseite des Lebens wohnen - warum nicht? Der Grundstücksmarkt auf Mallorca boomt, so hört man.

Aus einer anderen Publikation erfahren wir: Im Jahre 2020 ist die Menschheit zur Freizeit-Gesellschaft geworden. Nur die wenigsten Menschen werden dann noch mehr als 25 Stunden wöchentlich arbeiten, und die durchschnittliche Lebenserwartung wird auf 80 bis 90 Jahre ansteigen. Der Wohntrend geht dahin, daß Golf- oder Tennisplatz vor der Haustür sind. Und am Wochenende geht`s (in zwei Stunden) zu einem Kurztrip nach Australien. Kurzum: Ein herrliches Leben mit einem gleitenden Übergang vom kurzen Arbeitsleben zum langen Rentnerdasein erwartet uns.

Der Lebensversicherer Barclays Life hat diese Studie, die ein ganz neues Lebensgefühl vorhersagt und noch andere, wunderbare Dinge schildert, im Jahre 1998 in Auftrag gegeben. Und die "Welt am Sonntag" hat sie abgedruckt. Das erwähne ich nur für den Fall, daß Sie denken, ich bezöge meine Quellen aus der Welt der

Comic-Hefte. Aber so, wie Sie sich sicher fragen werden, frage ich mich auch: Wie soll das zusammenpassen? Oder genauer: Wie und womit wird diese phantastische Freizeit-Gesellschaft finanziert? Woher kommen die Gelder für die Alten, wenn die Jungen nur noch marginal arbeiten? Diese schöne Illusion lasse ich erst einmal so stehen. Wir werden später sehen, daß man aufgrund nüchterner Zahlen von heute ganz andere Zukunftsszenarien entwickeln kann, die eher auf sehr düstere Visionen hinauslaufen. Kehren wir also schnell in die Gegenwart zu den Rentnern von heute zurück.

Gemessen an dem, was noch kommen kann, geht es den Rentnern nämlich wirklich gut. Daran ändert auch nichts, daß seit 1992 die Rentenversorgung kontinuierlich abgebaut bzw. verschlechtert wird oder daß mancher auch heute bereits mit einer Kümmer-Rente auskommen muß. In Zukunft wird sich mancher gerne an die "goldenen 90er Jahre" erinnern - damals, als die Welt noch einigermaßen in Ordnung war und sich eine rot-grüne Koalition aufmachte, den Rentnern ohne Rücksicht auf Staatsfinanzen eine Fortführung der Rentenstabilität zu versprechen. Doch diesen nostalgischen Rückblick haben wir noch vor uns. Wir leben heute, in der Gegenwart, und die sieht für die deutschen Renter, alle über einen Kamm geschoren, verblüffend gut aus.

Die finanzielle Situation der Rentner heute

Mindestens 33 Prozent aller Privathaushalte bei uns sind Rentner-oder Pensionärhaushalte. Dieses Drittel unserer Gesellschaft repräsentiert eine beachtliche Kaufkraft. So verfügen rund 55 Prozent der Haushalte im Monat - nach Abzug der Haushaltskosten - über frei verfügbare Gelder in Höhe zwischen 200 bis 1000 Mark, rund 20 Prozent über 1000 Mark und mehr. Nur 13 Prozent haben kein frei verfügbares Geld. Statistiker wollen festgestellt haben: Das Netto-Einkommen eines Ruheständlers liegt bei durchschnitt-

Bonner Renten-Arithmetik

+ Geburtenrate
rückläufig: Weniger Kinder und damit weniger zukünftige Beitragszahler

+ Ausbildungszeiten
immer länger, dadurch kürzere Erwerbs- und Beitragsphase

+ Vergreisung der Bevölkerung,
wenige Arbeitende müssen viele Rentner ernähren

+ Lebenserwartung
in den letzten Jahren um 13 Prozent gestiegen, dadurch

+ Rentenlaufzeiten
immer länger, somit mehr Zahlungen

+ Arbeitslosenzahl
hoch (plus Langzeit-Arbeitslosigkeit) bedeutet Beitragsausfall,

+ Vorzeitige Rente
(80 Prozent gehen vor 65 in Rente)

SUMME: Die Rente ist sicher!
Aus dem Ullstein-Taschenbuch von Gerhard Ziegler: "Arme Rentner"

lich 2.924 Mark. Woher haben diese Leute soviel Geld? Etwa nur aus der gesetzlichen Rentenversicherung? Das wohl sicher nur zum Teil. Eine Erklärung dürfte vielmehr darin liegen, daß diese heutigen Rentner zu einem hohen Prozentsatz in der guten, alten Zeit rechtzeitig für die Lebensphase im Alter vorgesorgt haben. Durch Sparen, Lebensversicherungen, Immobilienerwerb, Investmentfonds etc. Etwa 58 Prozent der über 60-jährigen Haushalte besitzen demnach Immobilien in Form von Wohnungen, Grundstücken oder Gebäuden. Das durchschnittliche jährliche Vermögenseinkommen dieser Rentnerhaushalte beträgt rund 2.900 Mark. Etwa zwei Drittel der Rentner besitzen Sparguthaben, jeder dritte eine Lebensversicherung, jeder fünfte Wertpapiere. Insgesamt kommen so leicht 650 Miliarden für die über 65-jährigen zusammen.

Zu dem Überfluß, den die Statistik ermittelt haben will, gesellt sich noch die Vererbungssituation hinzu: Die in einer über 50jährigen Friedensperiode mit stabiler Währung aufgebauten Vermögenswerte sind noch da. In der ersten Hälfte des Jahrhunderts mußten die Menschen zwei Weltkriege und Inflationen mit Wertverfall hinnehmen. Weil wir alle länger leben, wird freilich später ver- bzw. geerbt. Das Erbvolumen um das Jahr 2.000 wird auf rund 300 Milliarden geschätzt, von denen die Menschen über 50 sich ein gehöriges Stück abschneiden werden können. Berücksichtigt man ferner, daß ganze Bevölkerungs- bzw. Berufsgruppen durch geringe oder gar keine Beitragszahlungen in den Genuß der staatlichen Rentenversicherung gelangt sind, darf man - pauschalierend, aber im Kern zutreffend - wohl sagen: Noch nie ging es einer Erben- und Rentnergeneration in unserem Lande so gut wie heute!

Oder sagen wir besser: Bis vor ein paar Jahren. Denn wer heute in Rente geht, muß bereits erhebliche Abstriche hinnehmen: Frührente zu den alten Bedingungen - vorbei. Nachdem die Wirtschaft innerhalb weniger Monate über 750.000 Arbeitnehmer blitzschnell in den Frühruhestand schickte und sich so auf Kosten der Allgemeinheit entlastete, wurde der Rentenminister nervös. Hatte er doch mit der Rentenreform von 1992 (eine jener "Jahrhundert"-Reformen, die schon Makulatur sind, sobald sie eingeführt sind) bereits die Lebens-Arbeitszeit auf 65 Jahre festgelegt - wer vorher aufhörte, erlitt finanzielle Einbußen in seiner Rente. Hier zeigt sich übrigens der ganze Zynismus des politischen Geschäftes:

Rein rechnerisch ist die Rentenwelt wieder in Ordnung, wenn die Menschen länger arbeiten, weil sie dann ja erst einige Jahre später zur finanziellen Belastung werden. Aber das funktioniert eben nur auf dem Papier. Jeder, auch der Rentenminister, weiß, daß die Wirtschaft die Alten nach Hause schickt, wenn sich nur eine Gelegenheit bietet. Wäre es nicht so, würden übrigens die Älteren die Arbeitsplätze für die Jüngeren blockieren. Angesichts des Arbeitsmarktes ist das ein Dilemma, das gebe ich zu. Aber wenn Politiker behaupten, mit bloßer Rechnerei wieder einmal die Sicherheit der Renten sichergestellt zu haben, dann laufe ich vor Zorn rot an.

Die abgewählte Rentenreform

Doch das ist ja längst nicht alles, was an Einschnitten für die Jetzt-Zeit-Rentner mit der alten Renten-Reform verschlimmbessert wurde. Einige Beispiele finden Sie zwischen den Seiten. Mittlerweile haben wir eine weitere Reform der Reform erlebt, die ursprünglich ab Januar 2000 in Kraft treten sollte: Diesmal hatte man eine Rentenart gleich völlig abgeschafft. Ab dem erwähnten Datum sollte es keine Rente wegen **Berufsunfähigkeit** mehr geben! Das wäre ein sehr gravierender Einschnitt in das Netz der sozialen Sicherung und zeigt zugleich, worauf noch Verlaß ist, nämlich auf nichts!

Renten werden im Amtsdeutsch bekanntlich nicht einfach so gezahlt, sondern immer nur "wegen". Also wegen Alters, wegen Berufsunfähigkeit, wegen Erwerbsunfähigkeit, und so weiter. Dieser Definition folgt alsdann ein bürokratische Kunstgriff: Renten müssen beantragt werden. Der Antragsteller muß beweisen, daß er gearbeitet und Beiträge gezahlt hat, daß er alt geworden ist, daß er berufsunfähig geworden ist. Das mit dem Alter ist in unseren Landstrichen verhältnismäßig einfach, das mit der Berufs- oder Erwerbsunfähigkeit hingegen nicht. Unzählige Prozesse wurden schon geführt, weil die Rentenkassen davon ausgehen, daß unsere Bevölkerung überwiegend aus Simulanten besteht, die nichts anderes im Kopf haben als möglichst früh berufsunfähig zu werden!

Einen Rentenantrag sollte man eigentlich schon im Alter von 30 Jahren ausfüllen - da ist man geistig noch auf der Höhe. Später läßt das doch sehr nach, und der Staat freut sich: Antrag unvollständig oder unklare Angaben, reichen Sie bitte Bescheinigungen beglaubigt und in 12 Kopien nach. Wenn nicht, müssen wir leider davon ausgehen.... usw. Naja, die meisten Renter haben es ja irgendwie geschafft. Manche haben freilich nicht gemerkt, daß ihre Renten falsch berechnet wurden. Aber lassen wir das, es gilt, Bestürzendes zu melden:

Die geplante, inzwischen von einer neuen Regierung zunächst kassierte Rentenreform sah unter anderem vor: **Die frühere Rente wegen Berufsunfähigkeit fällt in Zukunft völlig weg**. In der Sprache der Bürokratie ist ein Mensch berufsunfähig, wenn er aus gesundheitlichen Gründen nicht mehr in der Lage ist, die Hälfte dessen zu verdienen, was ein gesunder Versicherter mit ähnlichen oder gleichwertigen Kenntnissen und Fähigkeiten verdienen kann (Wer gar nicht mehr regelmäßig arbeiten oder bestenfalls noch 610-Mark-Jobs ausüben kann, ist erwerbsunfähig und hatte bislang Anspruch auf Rente wegen Erwerbsunfähigkeit.

Sorry, sagt nun der Staat, aber die Kasse wird mangels Inhalt leider geschlossen.

Das Rentenloch - der schleichende Tod des Systems

Vor beinahe 15 Jahren tauchte es zum ersten Male auf wie der Geist aus der Flasche: Das gefürchtete Rentenloch. Schnell wurde es wieder in sein Behältnis gedrängt und die Flasche fest verkorkt. Die Politik übte sich fortan in Beschwörungsformeln: "Die Rente ist sicher", hieß es fortan.

Sicher war nur eines: Nach den damaligen Berechnungen (des Prognos-Instituts) müßte der Staat im Jahre 2015 ganze 45 Prozent (2030: 63 Prozent) der Rentenausgaben übernehmen. Oder aber die Versicherten müßten von ihrem Einkommen einen Beitragssatz von stolzen 29 Prozent (2030: 36 Prozent) berappen. Oder die Rentner müßten auf 36 Prozent (2030: 45 Prozent) ihres Einkommens verzichten. Letzte Alternative: Die Arbeitnehmer müßten 6,5 Prozent (2030: 10 Prrozent) länger arbeiten...

Alle vier Alternativen waren denkbar unpopulär, und die Versuchung der Politik, die Probleme in das nächste Jahrtausend zu verlagern, ist durchaus nachvollziehbar. Allerdings war das Kopf-in-den-Sand-stecken wenig konstruktiv und die bisherigen Reformen halbherzig. Heute sind wir an diesem Punkt: Die zukünftigen Rentner müssen länger arbeiten und Schmälerung ihrer Rente (durch geänderte Anrechnungszeiten und Rentenformel) hinnehmen. Der Staat subventioniert die Rente (u.a. durch die Ökosteuer und höhere Mehrwertsteuer), um den Beitragssatz nicht steigen zu lassen.

Ab 2000 sollte es nur noch den Begriff der **eingeschränkten Arbeitsfähigkeit** geben. Die Rentenbürokraten hätten Sie dann in drei Schubladen eingeordnet:

Schublade 1: Wenn Sie gar nicht mehr arbeiten können - alles klar. Praktischerweise legen sie gleich einen provisorischen **Totenschein** vor, das erleichtert dem Sachbearbeiter die Entscheidung ungemein.

Schublade 2: Wenn Sie noch bis zu drei Stunden täglich arbeiten können - spendiert der Staat ein **Almosen** dazu. Allerdings: Alle drei Jahre müssen Sie die Leistungen neu beantragen!

Schublade 3: Wenn Sie noch bis zu sechs Stunden irgendwie und irgendetwas arbeiten können - Pech gehabt, **nicht krank genug!**

Diese Leistungseinschränkung war keine Arbeitsbeschaffungsmaßnahme für Sozialgerichte (die sind eh' ausgelastet), sondern sollte die Rentenkassen entlasten. Sie ist nur eine von vielen Beispielen, mit welchen Methoden die Ansprüche der Rentner von morgen fortlaufend ausgehöhlt werden. Mag sein, daß die Situation der Rentenkassen keine andere Lösung zuließ (sogenannte Sachzwänge), aber welcher Politiker hat Ihnen das ehrlich von Angesicht zu Angesicht gesagt? Man wollte die Aufklärung lieber in die Amtsstuben der Verwaltung verlagern, wo sich an den Aufschreien der Betroffenen niemand stört. In diesem Falle ist es besonders perfide: Berufs- oder Erwerbsunfähigkeit kann auch 18-25jährige ereilen, die ohnehin wegen mangelnder Beitragzeiten oder aus anderen Gründen aus dem Raster der Sozialversicherung fallen.

Natürlich, jeder ist selbst seines Glückes Schmied. Er kann sich gegen Berufs-/Erwerbsunfähigkeit privat versichern oder auf eine Zusatzrente sparen. Aber warum sagt es die Politik nicht in der gebotenen Deutlichkeit: Die Rentenkassen sind heute am Ende!

Leistungen, wie wir sie bisher kannten (und mit Fug und Recht erwarteten) sind in Zukunft überhaupt nicht mehr bezahlbar. Selbst die normale Altersrente ist in der bisherigen Höhe aus verschiedenen Gründen nicht mehr finanzierbar. Der Hauptgrund der Rentenmisere ist nicht einmal unmittelbar dem Wirken der Politiker anzulasten; und doch scheuen sich Politiker aller Richtungen nicht, das Problem ständig schönzureden und Lösungen anzupreisen, die kaum über den nächsten Tag hinausreichen.

Die neue Regierung hat nun eine eigene, neue Rentenreform angekündigt, das Problem also erneut in die Zukunft verlagert. Was wird dabei herauskommen? Das tragische ist, daß unser Rentensystem schon lange nicht mehr vom politischen Vorstellungen abhängig ist, sondern von finanziellen Sachzwängen. So wird auch die Reform der Reform kein Kaninchen aus dem Hut zaubern können. Und eine Regierung, die für "mehr Gerechtigkeit" angetreten ist, wird zwangsläufig "ungerecht" handeln müssen. Renten-"Reformen" bedeuten seit langem **Verschlechterungen** für die Betroffenen, keine Verbesserungen.

Wir, die wir noch keine Rentner sind, aber eines Tages sein werden, müssen der Wahrheit mutig ins Auge blicken. Je eher Illusionen durchschaut werden, desto wirksamer kann jeder einzelne seine Zukunft gestalten.

Exitus eines Schneeball-Systems:

Abschied vom "Generationenvertrag"

"Das Rentendilemma wird uns nicht nur höhere Beitragssätze zur Rentenversicherung sowie längere Lebensarbeitszeit bescheren, sondern auch höhere Steuern - egal, ob Lohn- und Einkommen- oder Umsatzsteuer erhöht werden oder eine ganz neue "Reformsteuer" erfunden wird."

Diese Prognose findet sich in meinem Buch "Alter in Armut?", das im Jahr 1992 erschien und das ohne Zweifel dazu beigetragen hat, die Rentendiskussion späterer Jahre loszutreten. Damals waren Fakten und Ausmaß der Krise bereits den politisch Handelnden - wie auch der Wirtschaftswissenschaft - seit langem bekannt. Nur gegenüber der Öffentlichkeit mochte niemand die Wahrheit bekennen. Stattdessen wurde dem Wählervolk alsbald eine "Jahrhundert"-Rentenreform vorgegaukelt, die die Rente "bis weit in das nächste Jahrhundert" sicherstellen würde. Der durchaus verdienstvolle Norbert Blüm betätigte sich allerdings wie ein Schmierenkomödiant auf der politischen Bühne, als er noch Jahre später versprach, die Renten seien "sicher".

Tatsächlich war er gezwungen, hinter den Kulissen, die immer schneller einzustürzen drohten, wie ein Wilder herumzuspringen und diese und jene Teile auszubessern und abzustützen. Meine Prognose von den höheren Steuern und höheren Beiträgen ist inzwischen von der tatsächlichen Entwicklung bestätigt worden, und nur sechs Jahre später mußte die Regierung gar die Mehrwertsteuer um einen Prozentpunkt erhöhen, um die größten Löcher in den Rentenkassen zu stopfen. Was nun - unter einer neuen Regierung - noch fehlt, ist die "Reformsteuer", die man am besten den Rentnern abknöpft, denn was wollen die überhaupt mit dem vielen Geld im Alter?

Freude über diese Entwicklungen kann ich freilich nicht empfinden. Bestenfalls fühle ich mich bestätigt, hat man mir doch seinerzeit vorgeworfen, ich hätte ein sensibles Thema auf populistische Weise abgehandelt. Ein Vorwurf, mit dem offenbar jeder leben muß, der ein Thema allgemeinverständlich schildert und Dinge beim Namen nennt, die andere nicht aussprechen mögen!

So habe ich unsere gesetzliche Rentenversorgung als das bezeichnet, was es wirklich ist: Ein **Schneeball-System**, das Gelder an die ausschüttet, die schon länger mitmachen. Aber die Gelder sind nicht erwirtschaftet, sondern werden stets von neu hinzukommenden Mitgliedern eingesammelt. In der Finanzwelt tauchen diese Systeme immer wieder einmal auf, mitunter stürzen sie ganze Bevölkerungen und Länder (z.B. Albanien) in die Krise. Denn sie funktionieren natürlich immer nur so lange, wie "unten" genügend Geld eingesammelt werden kann, das "oben" dann verteilt wird. Ist "unten" finito, gibt`s "oben" nichts mehr, und alles fliegt auf. Staatsanwälte sehen solche Spielchen gar nicht gerne. Auf staatlicher Ebene wird frech behauptet, es gäbe kein besseres System.

Die Politik hat uns ihr System als romantisch verklärten **"Generationenvertrag"** verkauft. Den gibt es - als Dokument und vom Notar abgesegnet - in dieser Form freilich überhaupt nicht, aber es ist wie mit den neuen Kleidern des Kaisers: Alle tun mit großem Ernst so, als ob er real existiere. In der Praxis bedeutet es: Alle, die im Erwerbsleben stehen, entrichten von ihrem Verdienst einen Obulus, der an die geht, die das Arbeitsleben bereits hinter sich haben. Als die Wirtschaft boomte und Vollbeschäftigung herrschte, lief dieses Schneeballsystem wie geschmiert. Als Exportüberschüsse und Steuern Gelder in ungeahnter Höhe in die Staatskassen spülte, lief es sogar so gut, daß jeweilige Regierungen immer wieder in die Versuchung kamen, in die Kasse zu greifen.

Das ist eben die zusätzliche Gefahr bei Schneeballsystemen: Der Betreiber versucht, sich selbst zu bereichern. Das freilich lag den Politikern fern, ist ja zudem verboten. Nein, selbstlos spendierte man den vorhandenen Rentnern (und damit allen, die in späteren Jahren hinzukamen) erhöhte Ausschüttungen, und zwar praktischerweise jeweils vor den Wahlen. Danksagungen in Form von Wählerstimmen lehnte man nicht ab, warum auch. Um den Kreis der Dankbezeugenden zu erweitern, beglückte man alsbald auch noch Bevölkerungsgruppen, die sich gar nicht am Schneeballsystem - oder wenn, dann nur mit niedrigen Einsätzen - beteiligt hatten.

Schon zu diesem Zeitpunkt wäre das System zusammengebrochen, hätte man nicht in eine weitere Kasse greifen können, in die des Fiskus. Als das zu sehr auffiel, kam der Gedanke, den Leuten "unten" mehr abzuknöpfen. Weil die ohnehin zwangsweise zahlen mußten, war auch das eine relative einfache Sache. Dann aber kam das wirkliche Ende. Die Zahl der Mitspieler "unten" ließ rapide nach. Das lag zum einen daran, daß es einfach an neuen Mitspielern mangelte, und zum anderen an den betrüblichen Umstand, daß viele Millionen Mitspieler nicht mehr zahlen konnten, weil sie inzwischen arbeitslos geworden waren. Nun mußte wieder der Fiskus einspringen, um das System am Leben zu erhalten. Die letzte brillante Idee war, den Mitspielern "oben" einfach weniger auszuzahlen. Solche einschneidenden Schritte aber sind für jedes

Schneeballsystem ausgesprochen geschäftsschädigend, weil sie sich schnell herumsprechen und die Motivation der neu Hinzukommenden empfindlich dämpfen. In aller Regel künden sie das Ende eines Schneeballsystems an.

Das ist, in dürren Worten, aber allgemeinverständlich geschildert, die Geschichte der gesetzlichen Rentenversorgung von Adenauer bis heute. Natürlich kann man alles noch mit Politiker-Vokabeln wie "soziale Gerechtigkeit", "Umverteilung" oder "Sachzwänge" garnieren und mit der obligatorischen Ausrede als Sahnehäufchen obenauf servieren: "Die Entwicklung bis heute konnten wir so nicht voraussehen." Oder :"Die alte Regierung hat Schuld."

Was tun?

In "Alter in Armut?" habe ich gefordert, den Politikern das Instrument "gesetzliche Rentenversicherung" wegzunehmen und einer neutralen Institution, deren Statuten in Punkto Unanbhängigkeit mit denen der Bundesbank vergleichbar wären, zu übertragen. Diese Forderung halte ich immer noch im Interesse der jetzigen, vor allem aber der zukünftigen Rentner, aufrecht.

Schlimm genug, daß Politiker, ohne daß sie ernsthaft jemand zur Verantwortung ziehen könnte, Steuergelder verpulvern können. Wenigstens die Alterssicherung der Bevölkerung sollte ihrem direkten Zugriff entzogen sein. Im Umkehrschluß würde damit auch der verständlichen Begehrlichkeit der "Kundschaft" ein gleichermaßen notwendiges Bremsinstrument entgegengestellt. Doch das sind zugegebenermaßen Wunschträume, und die wirklich schwerwiegenden Probleme sowohl der staatlichen wie übrigens auch der privaten Alterssicherung wären damit an der Wurzel nicht gelöst.

Wir müssen uns vor Augen führen, daß eine wirkliche Sicherung der staatlichen Rente, weil sie nun einmal ein legalisiertes Schneeballsystem darstellt, allein davon abhängt, daß "unten" stets genug Geld in Form von Beitragszahlungen oder Steuergeldern eingeht. Das aber geschieht gerade nicht, und wird in Zukunft noch weniger geschehen können.

Jeder, der in 20, 30 Jahren eine Alterssicherung vom Staat erwartet, sollte sich mit diesem Thema beschäftigen, denn diese wird aus verschiedenen Gründen auf keinen Fall ausreichend sein. Auf welchen Wegen und unter welchem Namen auch immer, es wird zu einer Niedrig-Rente kommen! Angeschmiert sind heute schon die 50- bis 55jährigen, die wenig oder gar nichts für eine zusätzliche Alterssicherung unternommen haben, eingelullt von Versprechungen der Sozialpolitiker, die staatliche Rente sei "sicher". Wie und vor allem wovon soll dieser Personenkreis in kurzer Zeit noch eine Alterssicherung aufbauen können? Einer verflossenen Politikergeneration ist es gelungen, bei den Bürgern den Eindruck zu verfestigen, der Staat werde und könne alle sozialen Probleme regeln und lösen. Dabei wurde eine verhängnisvolle **Erwartungshaltung** herangezüchtet, die in der Realität auf Dauer nicht erfüllbar ist.

Beliebter Trick: Probleme in die Zukunft verlagern

Der Vorwurf lautet: Der baldige Zusammenbruch der beiden Sozialsysteme Renten- und Krankenversicherung hat sich nicht über Nacht ergeben, sondern war schon lange voraussehbar. Auch die überraschende deutsche Einheit, immer wieder gern ins Spiel gebracht, eignet sich nicht als Alibi für politische Fehlentscheidungen. Diese bestanden hauptsächlich darin, ein Problem von riesigen Ausmaßen jahrzehntelang zu verdrängen, nichts zu tun oder die Problemlösung späteren Generationen aufzudrängen. Das Perfide liegt gerade darin, daß, wie alle Sozialgeschenke der letzten Jahrzehnte, nun auch alle bisherigen Sanierungsversuche der letzten sechs Jahre auf Kosten der **zukünftigen Rentnergenerationen** abgewickelt wurden und werden. Für die Politik ein

Rente am Ende

Wenn Sie 40 Jahre lang immer gearbeitet und immer durchschnittlich verdient haben, erhalten Sie heute ca. 1.900 Mark Rente. Wie das? Die Politiker haben den Rentenanspruch auf 70 Prozent des Nettoeinkommens festgelegt. Aber: Die Rentenreform der alten Regierung wollte den Anspruch auf 64 Prozent runterschrauben. Dann wären es nur noch 1.700 Mark, vorausgesetzt, Sie haben 45 Jahre gearbeitet. Das schafft heute schon kaum einer. Das Durchschnittsalter zum Rentenbeginn bei Arbeitern liegt beispielsweise bei 59 Jahren. Also würde es noch weniger geben. Nun soll es eine andere Rentenreform der neuen Regierung geben. Wo wird diesmal gespart? Wir ahnen: In den nächsten 20, 30 Jahren wird es mit Sicherheit weitere Rentenreformen geben, und stets werden die neuen Rentner das Nachsehen haben.

Hält man am bisherigen Umlagesystem der gesetzlichen Rentenversicherung fest, wird schnell der Punkt erreicht, an dem zwei Arbeitnehmer einen Rentner finanzieren müssen. Entweder gehen die beiden nicht mehr zur Arbeit, weil sie nach Abzug der Beiträge kaum etwas übrig behalten, oder die Rente schrumpft gewaltig auf einen Nominalbetrag, der etwa dem Sozialhilfesatz entspricht.

Junge Leute werden sich fragen: Wozu zahlen wir überhaupt noch Beiträge, wenn doch nichts rauskommt? Alte Leute werden fragen: Warum hat uns damals, als wir noch privat etwas hätten zurücklegen können, niemand über den Ernst der Situation aufgeklärt?

bequemer Ausweg: Die unmittelbaren Auswirkungen bleiben gering, da das Gezeter und die Proteste der von den Einschnitten und Abstrichen Betroffenen ebenfalls in die Zukunft verlagert sind.

Nach dem gleichen Mechanismus wurden übrigens auch mehr als 2.000 Milliarden Mark (2.000.000.000.000 Mark) **Staatsschulden** angehäuft - in einer Art stiller Komplizenschaft zwischen Bevölkerung und Politikern. Heute leben - später bezahlen, heißt das Motto der Veranstaltung, bei der sich alle unausgesprochen einig sind, daß nicht wir, sondern andere später bezahlen müssen. Zukünftigen Generationen in Deutschland drohen erdrückende Lasten aus Steuern und Abgaben. Das stellten jüngst auch Fachleute der **Bundesbank** in einem Bericht über "die fiskalische Belastung zukünftiger Generationen" fest und forderten zugleich schnelle und wirksame Reformen im Renten- und Steuersystem. Der Bericht erregte einiges Aufsehen, doch wer erinnert sich in unserer schnellebigen Zeit ein Jahr später noch daran? Im Gedächtnis geblieben ist höchstens das unwürdige parteitaktische Reform-Gerangel nebst gegenseitigen Schuldzuweisungen in Bonn, das ohne durchschlagendes Ergebnis beendet wurde, weil der Wahlkampf nahte.

Die Bundesbanker machten in ihrem Bericht eine Rechnung auf: Danach werden 1996 geborene Männer im Laufe ihres Lebens durchschnittlich 908.000 Mark an staatlichen Abgaben leisten müssen. An staatlichen Leistungen erhalten sie 491.000 Mark zurück. Die Differenz bedeute auf das zu erwartende Lebenseinkommen einen durchschnittlichen Steuersatz von 28 Prozent. Frauen mit vergleichsweise niedrigerem Einkommen müßten 16 Prozent an Steuern abführen. Auf der Basis des Jahres 1996 und ohne Änderung der Finanzpolitik würde dieser sogenannte Lebenssteuersatz für spätere Generationen auf 67 Prozent für Männer und 38 Prozent für Frauen ansteigen. Reformen zur Sanierung von Staatsfinanzen und Sozialkassen seien dringend geboten, aber höhere Steuern und eine Erhöhung von Sozialbeiträgen eben-

Immer fleißig gezahlt, aber arm im Alter

Der Rentenexperte Meinard Miegel sieht bei jungen Rentenversicherten einen realen Vermögensverlust voraus (siehe Allgemeine Verunsicherung). Der Ökonom vom Verband der Rentenversicherungsträger, Stefan Eitenmüller, konstatiert hilflos: "Der fallende Verlauf der Renditekurve ist besorgniserregend."

Mit zunehmender Rentenversicherungsbeiträgen werden sich immer mehr junge Versicherte fragen, welchen Sinn die Teilnahme an dieser gesetzlich erzwungenen Veranstaltung eigentlich noch macht. Eine Flucht aus versicherungspflichtigen Erwerbsverhältnissen könnte einsetzen. Der "Krieg der Generationen" Alt gegen Jung ist schon jetzt gelegentlich ein beliebtes Thema der Medien.

In der Tat ist die Frage berechtigt, warum ein junger Mensch sich durch die Zwangsabgabe zur gesetzlichen Altersversorgung unbedingt eine Armut im Alter "ersparen" muß. Für den genannten Zweck, die Sicherung der Existenz im Alter, könnte er auf anderen Wegen effektiver vorsorgen.

Andersherum: Ein privater Anbieter von Kapitalanlagen zur Alterssicherung fände sich längst vor dem Kadi wieder, würde er mit Methoden operieren, wie sie die Rentenversicherung anwendet.

Vielleicht gibt es bald die erste derartige Klage vor dem Verfassungsgericht...

so ein Tabu wie die pure Umfinanzierung von Lasten. Eine Senkung des Rentenniveaus schloß die Bundesbank aber nicht aus, sie müsse nur rechtzeitig verkündet werden. Soweit, so gut. In einer Wüste kann man kann man schreien oder gar Atombomben zünden - es ist niemand da, der den Lärm zur Kentnis nimmt.

Befremdlich bei diesem Nichtzuhörenwollen mutet an, daß wir im Namen zukünftiger Generationen gern ungeahnte Anstrengungen beispielsweise im Bereich des Umweltschutzes für Regenwälder und Wale entfalten, daß wir aber so gut wie nichts für die finanzielle Gesundung unseres Staatswesens unternehmen - was ja, ebenfalls im Namen zukünftiger Generationen, durchaus wünschenswert wäre. Greenpeace im Bereich der staatlichen Finanzen? Da wird man lange warten können.

Die staatliche Rentenversicherung war bisher ein rauschendes Fest, aber nun ist der Champagner alle. Die Party ist vorbei, und überall herrscht Katerstimmung: Scheinbar unvermittelt steht die Zukunft vor der Tür und stellt bohrende Fragen. Die wichtigste Frage lautet: Wie soll es weitergehen? Eine Frage, die ich für die staatliche Rentenversicherung nicht beantworten kann. Ich bin kein Experte des staatlichen Rentensystems. Um beurteilen zu können, ob ein Kleid oder ein Anzug richtig sitzt, muß man aber nicht unbedingt ein gelernter Schneider sein. Gesunder Menschenverstand genügt, um einen schiefen Saum oder zu kurze Ärmel zu entdecken. Hat das Kleid gar drei Ärmel oder die Hose vier Beine, so merkt auch der Unbedarfteste, daß etwas nicht stimmt.

So gesehen, will ich mit der nachfolgenden Schilderung von Expertenmeinungen und möglichen Problemlösungen Ihr Bewußtsein und Ihre Urteilskraft für die Ereignisse schärfen, die in Zukunft in einem bisher nicht dagewesenen Maße unser tägliches Leben, Planen und Handeln bestimmen werden. Auch und gerade wenn Sie heute noch 20 oder 30 Jahre von der Rente entfernt sind, gehen diese Dinge Sie unmittelbar an.

Der Tagespresse können Sie nicht viel mehr als den jeweils aktuellen Gesundheitszustand des Patienten staatliche Rentenversorgung entnehmen. Der liegt auf der Intensivstation, hängt am Tropf, und immer wieder einmal kommt es zu Komplikationen. Ab und an wird beispielsweise ein "Rentenloch" entdeckt. Anschließend erfolgen längerer Diskussionen, was zu tun sei. Beiträge erhöhen? Die sind mit über 20% bereits an der Schmerzgrenze und sollten doch gerade, wenn auch nur marginal, gesenkt werden. Aus anderen Kassen Geldinfusionen locker machen? Gerade hat man, um die Gesundheit der Rente zu stärken, die Mehrwertsteuer erhöht. Abwarten, bis sich die Aufgeregtheiten des Tages gelegt haben? Auch eine Lösung. Vielleicht erholt sich ja der Patient von alleine! Diese Hoffnung ist trügerisch. Was wir gegenwärtig erleben, sind alles nur Maßnahmen, das nackte Leben des Patienten zu retten, die eigentliche Krankheit wird nicht bekämpft. Zweifellos hat eine lang anhaltende Massenarbeitslosigkeit die Probleme der Rentenversicherung vorzeitig verschärft. Mehr als vier Millionen Arbeitslose sind gleichzeitig über Jahre hinweg auch vier Millionen Beitragszahler (und Steuerzahler) weniger. Eine solche Belastung ist für jedes Sozial- und Steuersystem mehr als eine vorübergehende Virus-Grippe. Diese Krise tritt just zu dem Zeitpunkt auf, wo der Staat - den Konvergenz-Kriterien des Euro sei dank! - nicht mehr in beliebiger Höhe Schulden machen darf. Momentan hat niemand eine seriöse Lösung dieser Probleme zur Hand. Im Gegenteil muß befürchtet werden, daß die Arbeitslosenzahlen nur graduell verringert werden können und damit längerfristig erhalten bleiben.

Das Ende des Solidarprizipes

Der internationale Wettbewerbsdruck, die Globalisierung der Wirtschaft, und andere Faktoren werden dafür sorgen. Wachstumsbranchen wie "High Tech" und Dienstleistungen gelingt es offenbar nicht, in gleichem oder schnelleren Tempo neue Arbeitsplätze zu schaffen, wie die alten wegbrechen. Die Arbeit bei uns ist im internationalen Vergleich zu teuer geworden. Wird man den Mangel an Arbeit "gerecht" verteilen können, also so, daß jeder ein bißchen abgibt? Ich fürchte, derartige sozialromantische Träume lassen sich nicht verwirklichen, sie scheitern nicht zuletzt an der menschlichen Natur, die der Solidarität irgendwann eine Grenze setzt.

Eine Zeitbombe tickt

Auch die Solidarität, die in der Rentenversicherung im erwähnten "Generationenvertrag" manifestiert ist, scheint aufzubrechen. Bereits jetzt können wir die Anfänge eines Verteilungskampfes zwischen jung und alt beobachten, und dieser Kampf wird sich in Zukunft verstärken. Die Jungen werden nicht ohne Berechtigung argumentieren: Warum sollen für Beiträge für ein System leisten, das uns im Alter doch nicht ausreichend versorgen kann? Zugleich offenbart diese Auseinandersetzung die wahre Ursache des Rentenproblems - übrigens nicht nur bei uns, sondern weltweit:

Es findet eine dramatische Verschiebung der Altersstruktur unserer Gesellschaft statt. Die daraus resultierenden finanziellen Probleme für die staatlichen Sozialsysteme sind so schwerwiegend, daß sie mit herkömmlichen Mitteln einfach nicht zu lösen sind, wenn, rechnerisch gesehen, ein oder anderthalb Beitragszahler das Geld für einen Rentner aufbringen müssen. Bereits heute versorgen 20 Erwerbstätige zehn Rentner. Im Jahre 2015 müssen nur 16 Erwerbstätige die gleiche Rentneranzahl finanzieren, und im Jahre 2030 liegt diese Last nur noch auf elf Berufstätigen. **Der "Generationenvertrag" und damit die "Sicherheit" der Rente wird sich spätestens dann von selbst erledigt haben.**

Die demographische Entwicklung war schon seit Jahrzehnten absehbar. Ihre ebenso lange Nichtbeachtung durch die Politik hat zu dem Punkt geführt, an dem wir heute stehen: Der Anteil der Menschen im Rentenalter an der Bevölkerung wird nach dem Muster

Du und deine Rente

Wenn Sie heute um die 30 Jahre alt sind, sollten Sie das Nachfolgende zur Kenntnis nehmen:

Die Schweizer Denkfabrik Prognos hat im Auftrag des Verbands Deutscher Rentenversicherungsträger VDR ein neueres Gutachten zur Rentensituation erstellt. Es kommt zu optimistischeren Ergebnissen als ein älteres Gutachachten aus dem gleichen Hause, wahrscheinlich, weil sich die vom VDR gelieferten Vorgaben günstig ausgewirkt haben.

Danach werden die Beiträge zur Rentenversicherung trotz der ursprünglich beschlossenen Absenkung des Rentenniveaus von derzeit 70,1 auf 64 Prozent weiter ansteigen - wegen sinkender Erwerbstätigkeit und immer mehr alten Menschen. Ab 2015 werden die Beiträge auf rund 22 Prozent steigen, ab 2030 sogar auf 24 Prozent, um 2035 auf knapp unter 25 Prozent. Ab 2040 schließlich gehen sie auf 24 Prozent zurück. Nach einer anderen Studie des Münchener Ifo-Instituts soll der Rentenbeitragssatz jedoch sogar 30-34 Prozent in 2030 erreichen.

Der Wissenschaftliche Beirat beim Bundeswirtschaftsministerium hingegen kommt mit weitaus höheren Beitragssätzen zu einem anderen Ergebnis: Danach werden "vorsichtig gerechnet" die Beitragssätze bis zum Jahr 2030 auf 25 Prozent und danach bis auf 27 bis 28 Prozent steigen, wenn es nicht zu einer grundlegenden Reform kommt. Ohne die Absenkung des Rentenniveaus auf 64 Prozent war eine frühere Prognos-Studie für das Jahr 2030 auf einen Beitragssatz von 36-38 Prozent des Arbeitsverdienstes gekommen. Niemand muß Hellseher sein, um zu erkennen: Der Beitragssatz läßt sich nicht beliebig über 20 Prozent erhöhen. Also wird das Rentenniveau sinken und sinken...

einer Exponentialkurve zunehmen, der Anteil der jungen Menschen, die durch Abgabe von ihrem Arbeitslohn den Unterhalt der Alten finanzieren sollen, wird mit fortschreitender Zeit abnehmen. Die Alterspyramide unserer Gesellschaft (unten viele junge, oben wenige alte Menschen) wird auf den Kopf gestellt. Verbesserte Arbeitsbedingungen und Fortschritte in der Medizin leisten kräftige Beihilfe: Die Lebenserwartung der Rentner und Rentnerinnen ist deutlich gestiegen - damit auch die Leistungen, die das System aufbringen muß. Die Rentenkassen müssen länger zahlen, die Krankenkassen ebenfalls in vermehrtem Umfang.

Diese Entwicklung mit ihren voraussichtlichen Konsequenzen, das muß man immer wieder sagen, ist nicht über Nacht eingetreten. Aber nun sind wir halt an dem Punkt angelangt, an dem es brenzlig wird. Die einzige Rettung: Man hole ein paar Millionen junger Chinesen oder Inder nebst ihren Billiglöhnen ins Land (das fällt bei der Zwei-Milliarden-Bevölkerung Chinas oder den 800 Millionen in Indien gar nicht weiter auf), und die Rentenkassen wären saniert. Für den Fall, daß dieses Beispiel Ihren begreiflichen Unmut erregt: Die rechnerische Beweislegung des vorherigen Rentenministers auf dem Papier, wonach die Renten sicher seien, besitzt in Punkto Realitätssinn und Seriosität in etwa die gleiche Qualität wie mein Vorschlag.

Natürlich sind ernsthafte Lösungen gefragt, wobei eines sicher ist: Das Umlage-System (Junge zahlen für Alte) kann in Zukunft nicht funktionieren, weil die Beiträge ins Uferlose klettern. Diskutiert werden gegenwärtig mehrere Modelle. So wäre beispielsweise eine rein aus Steuermitteln finanzierte Einheitsrente denkbar, die jedermann eine Grundversorgung bieten würde. Ein solches Modell ist von dem Rentenprofessor Meinhard Miegel entwickelt und von seinem Professorenkollegen Kurt Biedenkopf auf die politische Diskussions-Bühne gehievt worden. Das Hauptziel dieses Modells ist die Entlastung künftiger Beitragszahler und die Verhinderung von Altersarmut. Indem die Beitragsfinanzierung

Prognos und seine Prognosen

Das erste Gutachten aus dem Jahre 1987 war in senen Aussagen ein wenig heftig und löste die Rentenreform von 1992 aus. Die zweite Prognose von 1995 war ebenfalls nicht zufriedenstellend. Die Rentenreform von 1999 folgte (unter anderem mit der Absenkung des Rentenniveaus auf 64 Prozent). Jetzt liegt das dritte Gutachen des Schweizer Prognos-Instituts vor und bescheinigt: Unter günstigen Wirtschaftsbedingungen wird der Beitragssatz bis 2020 unter 21 Prozent liegen.

Der Freiburger Finanzwissenschaftler und Vorstandsmitglied der Europäischen Gesellschaft für Bevölkerungsökonomik, Bernd Raffelhüschen, übte heftige Kritik: "Prognos verwendet weder die offiziellen Bevölkerungsvorausschätzungen des Statistischen Bundesamtes und der interministeriellen Arbeitsgruppe, noch macht man transparent, welche der 100 möglichen Hebel gezogen wurden um welches Ergebnis zu erreichen." Insbesondere bemängelte Raffelhüschen, daß Prognos von einem "utopischen Anstieg der Erwerbsbeteiligung von Frauen und älteren Arbeitnehmern ausgeht, der weit über den Annahmen des Statistischen Bundesamtes liegt." Im Vergleich zum alten Gutachten gehe Prognos jetzt von etwa drei Millionen zusätzlicher Erwerbspersonen aus. Der Bevölkerungsökonomiker: "Wo sollen die herkommen?"

Das VDR-Beiratsmitglied Hans-Werner Sinn aus München: "Die Hoffnungen von Prognos, das Renten-Problem über stark ansteigende Erwerbsquoten zu lösen, sind nicht gerechtfertigt."

abgeschafft wird, verlagert sich die Last auf die Schultern aller Steuerzahler, auch auf die der Beamten und Selbständigen. Attraktiv wird das System dadurch, daß es eine relativ hohe Grundrente von 55 Prozent des durchschnittlichen Pro-Kopf-Einkommens (derzeit 1540 Mark) verspricht. Vor allem für Kleinrentner, die ab dem Jahr 2000 unter dieser Grenze liegen, ein willkommenes Geschenk. Bezugsberechtigt wären alle, die das 65. Lebensjahr vollendet hätten und 25 Jahre Steuerpflicht nachweisen könnten. Bestehende Rentenansprüche würden nicht angetastet.

Den Hauptvorwurf, die Übergangsfinanzierung sei viel zu teuer, hat die Zeitschrift "Capital" durch Berechnungen des Freiburger Finanzwissenschaftlers Professor Bernd Raffelhüschen kürzlich widerlegt. Allerdings glaubt der, einige "Schönheitsfehler" ausgemacht zu haben, die etwa nach dem Jahr 2012 auftreten würden: Verlierer bei diesem Rentenmodell wären die 25 bis 40jährigen, deren Ansprüche unter der Grundrente liegen und verfallen würden. Die Gutverdiener hingegen würden mit höheren Mehrwert- und Einkommensteuern für eine bescheidene Altersversorgung quasi doppelt zahlen. Das Modell würde also von oben nach unten umverteilen und die Leistungsträger "bestrafen".

Das Modell des Ex-Rentenministers Blüm, wie er es mit dem inzwischen obsoleten Rentenreformgesetz 1999 vorgestellt hat, folgt der klassischen Linie eines Politikers, der Ruhe im Lande haben und wiedergewählt werden will. Es begünstigt also die Besitzstände der derzeitigen Rentner. Für die künftigen Rentner tut die "Reform" so gut wie nichts. Der neu in die Rentenformel eingefügte Lebens-erwartungsfaktor verteilt die Kosten der längeren Rentenbezugsdauer je zur Hälfte auf Jung und Alt, wobei die Jungen einen Beitragssatz von 32 Prozent erwarten können, wenn das Rentenniveau wie versprochen bei 64 Prozent des Durschnittseinkommens ab 2030 läge. Auch dieses Modell, dessen unrealistische Zahlen mißtrauisch machen, hat der Freiburger Professor durchgerechnet: Verlierer sind danach eindeutig die zukünftigen Rentner-Generationen. Das Ergebnis deckt sich in etwa mit dem aus dem bereits erwähnten Bundesbank-Bericht. Und nun sucht eine neue Regierung nach dem Stein der Weisen.

Denkbar wäre ja auch ein Modell, das, wie bei den privaten Rentenversicherern, auf den sogenannten **Kapitaldeckungsstock** setzt. Das heißt: Kapital wird angesammelt und aus den Erträgen schließlich die Rente gezahlt. Das erforderliche Kapital könnte der Staat aber gar nicht auf einen Schlag zur Verfügung stellen, wird argumentiert. Und dann würde neben anderen Problemen (wo legt man einen so hohen Milliardenberg überhaupt an? Schon die Allianz hat Schwierigkeiten, jeden Tag 100 Millionen anzulegen) wieder die Frage nach der Übergangsfinanzierung auftauchen.

Das Haupthindernis für eine wirkliche Reform der gesetzlichen Altersversorgung scheint auf psychologischem Gebiet zu liegen: Die Vorstellung, ein Alterssicherungssystem nach kaufmännischen Gesichtspunkten zu betreiben, also nicht mehr ausgeben zu können als man einnimmt, das muß für Politiker eine wahre Horror-Vision sein! Angesichts dieser Sachlage warne ich vor übertriebenen Hoffnungen, die viele auf die neue Regierung setzen.

Warum mangelt es bei uns am politischen Willen, die Verhältnisse offenzulegen und reinen Tisch zu machen? Andere Länder, von den gleichen Problemen betroffen, haben längst gehandelt. Die Resultate lassen erahnen, was auch bei uns zwangsläufig kommen wird.

Verschiedene Modelle der Rente:

Auf dem Weg zur Einheitsrente

Einen Ausweg besonderer Art scheinen die Schweizer gefunden zu haben. Die hatten nämlich schon in den siebziger Jahren erkannt, daß ihr Rentensystem - ebenfalls nach dem Umlage- oder Schneeball-Prinzip konstruiert - angesichts der demographischen Entwicklung bald nicht mehr ausreichen würde. Bereits 1985 führten die Eidgenossen daher eine zusätzliche Pflicht-Alterssparkasse für die gesamte arbeitende Bevölkerung ein. Jeder zahlt im Durchschnitt fünf Prozent seines Einkommens ein, der Arbeitgeber legt noch einmal dasselbe drauf. Dieser **Kapitaldeckungsstock** wird investiert und bringt Erträge. In nur zehn Jahren ist so bis 1995 ein beachtliches Anlagevermögen von etwa 305 Milliarden Franken zusammengekommen, bis zum Jahr 1988 werden es voraussichtlich schon 400 Milliarden Franken sein, bis 2010 wird es wohl auf 1000 Milliarden angewachsen sein. Diese Summen liegen in einer Vielzahl von Pensionskassen, denn die Geldanlage wird in der Schweiz nicht von einer zentralen Stelle vorgenommen. Und da wiederrum liegt der Hase bei diesem Modell im Pfeffer: Diese hun-

Deutschland schrumpft und altert

Der "Herr der Zahlen", der Präsident des Statistischen Bundesamtes, gab eine Pressekonferenz. "Bis zum Jahre 2040 wird die deutsche Bevölkerung voraussichtlich schrumpfen und dramatisch altern", sagte er. Und: Die Geburtenhäufigkeit reiche auf absehbare Zeit bei weitem nicht aus, um die Bevölkerung konstant zu halten. Und hinzu käme, daß die Lebenserwartung immer mehr ansteige. Der oberste Bundesstatistiker stellte lediglich einen neuen Jahrgang des "Statistischen Jahrbuches" vor, als er so nebenbei die Hauptursachen der Rentenmisere umriß.

Einige Zahlen aus dem Werk der "Erbsenzähler": In Deutschland sind 21 Prozent der Einwohner 60 Jahre oder älter - 2040 wird ihre Zahl bei mehr als einem Drittel liegen. Von 100 Menschen der "mittleren Generation" (zwischen 20 und 59 Jahren) sind heute 38 im Alter von 60 Jahren oder darüber. Bis 2040 wird sich der Anteil der Älteren verdoppeln. Das deutsche Volk wird zu einem Volk der Rentenempfänger.

Zum Vergleich: Im Jahre 1919 waren von je 100 Einwohnern nur fünf (!) Personen 65 Jahre oder älter (Hauptursachen: härteres Arbeitsleben, Krieg, unzureichende medizinische Versorgung). 1910 kamen statistisch 34 Kinder auf 100 Einwohner, 1988 waren es nur noch 16, 2040 könnte die Zahl auf 10-12 geschrumpft sein.

derte von Pensionskassen haben höchst unterschiedliche Ergebnisse für ihre (Zwangs-)Versicherten erzielt. Offenbar leisten sich manche dieser Kassen einen üppigen Personalbestand von eigentlich überflüssigen Direktoren usw., so daß die Kosten enorm zu Buche schlagen. Das klingt im übrigen vertraut, gibt es doch auch bei der deutschen Rentenversicherung, speziell den BfA-Direktionen, ganze Heerscharen von teuer bezahlten Funktionären, die ehrlicherweise sagen müßten, daß sie und ihre gutbezahlten Posten schon seit vielen Jahren völlig überflüssig sind. Eine Durchleuchtung des undurchsichtigen Renten-Verwaltungsapparats nach **Kostengesichtspunkten** würde womöglich zigtausende an die frische Luft setzen und jährlich dreistellige Millionensummen einsparen, aber es geht nicht, es sind schließlich Beamte.

Das muß aber nicht notwendigerweise von den Vorzügen des Schweizer Modells ablenken: Die Versicherten haben die dort Wahl, bei welcher Pensionskasse sie ihr Geld anlegen. Erreicht ein Arbeitnehmer das Rentenalter, werden ihm seine angelegten Ersparnisse ausgezahlt, bzw. er kann sie verrenten lassen. Auf die angelegten Gelder kann aber neuerdings auch vorzeitig zurückgegriffen werden, etwa wenn die Versicherten ein Haus oder eine Eigentumswohnung erwerben wollen. Auch werden Betriebspensionen in diese Form der zusätzlichen Altersversorgung integriert. Der Nachteil der Zersplitterung besteht vor allem darin, daß kaum Wettbewerb herrscht und die Performance der Kassen kaum publiziert wird. Die Erträge, so hört man, sollen allgemein mäßig sein, da die Kassenverwalter übervorsichtig zu Werke gehen. Festverzinsliche Papiere des Bundes, der Kantone und Gemeinden werden bevorzugt, also eine Verzinsung von drei bis vier Prozent.

Da die Kassen inzwischen enorm viel Geld haben, reißen sie die genannten Schuldnern die Schuldverschreibungen sprichwörtlich aus den Händen. Das Konzept mag nicht in allen Punkten ideal sein, interessant und nachdenkenswert ist es allemal: Die Gelder

der Rentenzusatz-Zwangsparer bleiben quasi vor Ort, dienen den Aufbau der Infrastruktur.

Deutschland als Entwicklungsland!

Diese Charakterisierung trifft auch auf das vor einiger Zeit reformierte Rentensystem in **Chile** zu, das international bei vielen Experten hohe Anerkennung genießt. Das mag manchen Deutschen überraschen, halten wir doch unser Rentensystem für einzigartig in der Welt - vielleicht, weil es der Rentenminister hartnäckig immer wieder behauptet, oder weil Bismarck die Rente "erfunden" hat (übrigens nicht aus sozialen Motiven, sondern weil er Ruhe im Lande haben wollte). Tatsächlich, das sollten wir (und vor allem unsere Sozialpolitiker) endlich einmal zur Kenntnis nehmen, gilt Deutschland international in Sachen Altersvorsorge als ein **Entwicklungsland!** Für die Deutschen heißt es also: go west! Nach England, nach USA, nach Chile.

In Chile wurden seit 1981 über 30 Milliarden Dollar in Pensionsfonds eingezahlt und im wesentlichen im Lande investiert. Das Land hat damit mit 24 Prozent die höchste Sparquote in Lateinamerika, die Abhängigkeit von ausländischen Kapital ist entsprechend gering. Allerdings muß man beachten, daß seinerzeit der berüchtigte Senor Augusto Pinochet am Ruder war. Vermutlich konnte eben nur ein Diktator den Ausstieg aus der staatlichen und den Aufbau einer privaten Altersversorgung durchsetzen, nachdem die "demokratischen" Sozialpolitiker sich als unfähig erwiesen hatten, dem Elend weiter Teile der Bevölkerung Einhalt zu gebieten. Mit Hilfe amerikanischer Experten wurde ein **kapitalstockgedecktes** Rentensystem installiert. Heute sollen angeblich 99 Prozent der gemeldeten abhängig Beschäftigten zehn Prozent ihrer monatlichen Bruttobezüge plus drei Prozent für Verwaltung, Er-werbsunfähigkeits- und Lebensversicherung an eine Pensionsfonds-Verwaltungsgesellschaft zahlen. Experten bezweifeln dies jedoch und nennen eine Beteiligungsquote von 60-90 Prozent.

Immerhin! Und: Es herrscht Einzahlungszwang. Straßenverkäufer und verwandte Berufsgruppen, die nicht bereit oder in der Lage sind, Gelder einzuzahlen, erhalten vom Staat eine Minimalrente. Auf freiwilliger Basis haben sich Selbstständige diesem System angeschlossen, das inzwischen 5,83 Millionen Menschen umfaßt. Nun wird`s wirklich interessant: Die privat gemanagten Fonds melden abends der staatlichen Aufsichtsbehörde die Struktur ihrer Portfolios, müssen sich also ständig in den vom Gesetzgeber vorgegebenen Investitions-Spielräumen bewegen. Übrigens können die Versicherten, wie bei einem Investmentfonds, täglich ihren Kontostand abfragen. Diese **Transparenz** ermöglicht den Versicherten, die Wertentwicklung der einzelnen Fonds zu **vergleichen!** Die Versicherten können von einem Fonds in den anderen springen. Da das überhand nahm, hat die Regierung diese Praxis mittlerweile etwas erschwert. Möglich ist es aber weiterhin.

Ein unglaublicher Service! Bei uns muß man ein Leben lang auf Informationen zur Altersversorgung warten und weiß am Ende nicht einmal, ob die Rente überhaupt korrekt berechnet wurde, weil niemand sich im Dschungel der Rentengesetze und Verordnungen und Verwaltungsvorschriften genau auskennt. Heiliges Blechle, warum haben wir ausgerechnet Honecker und nicht Norbert Blüm nach Chile ins Exil geschickt! Da hätte er viel lernen können! Eine von vielen versäumten Gelegenheiten, mit den phlegmatischen Gepflogenheiten des satten deutschen Rentenmonopols aufzuräumen.

Aber weiter mit Chile: Die gleichzeitig durchgeführte Öffnung der Wirtschaft und der breit angelegte Privatisierungsprozeß lösten landesweit einen Modernisierungsprozeß mit ernormen Produktivitätszuwächsen aus. Die Altersvorsorge-Gelder wurden bis 1990 ausschließlich für derartige Projekte im Lande angelegt. Heute dürfen die Altersversorgungsfonds nur noch 50 Prozent ihrer Gelder in Staatspapieren anlegen. Beteiligungen an einem heimischen Unternehmen dürfen fünf Prozent nicht überschreiten. 12 Prozent des Anlagevolumens dürfen an ausländischen Börsen angelegt werden. Chile wurde damit im Vergleich der lateinamerikanischen Staaten zum größten Auslandsinvestor. So werden weite Teile der argentinischen Stromwirtschaft von Chile kontrolliert. Der Staat garantiert denen, die 20 Jahre vorgesorgt haben, die Diffenrenz zwischen der Rente und dem Minimallohn von umgerechnet 170 Dollar. Die Fonds zahlen heute an die Rentner mindestens 120 Dollar, im Durchschnitt jedoch 190 Dollar.

Eine beinahe unglaubliche Erfolgsstory eines Alterssicherungssystems. Allerdings ist auch hier nicht alles Gold, was glänzt: Im Jahr 2010, so rechnet man, wird man erstmals mehr auszahlen müssen, als an Beiträgen eingenommen wird. Der wirkliche Härte-Test steht also noch aus. Dem Vorstandssprecher der Dresdner-Bank-Tochter DIT (Deutscher Investment-Trust), Rolf Passow, der als Altersvorsorgeexperte gewohnheitsmäßig dutzende von Ländern bis ins ferne China bereist, urteilt über das chilenische System dennoch: "Einzigartig, innovativ, radikal, ein Vorbild."

IIn **England** existiert nach ebenfalls sehr radikalen Reformen in den 80er Jahren ein kapitalgedecktes Rentensystem, das den Beitragszahlern eine einkommensunabhängige staatliche Basisrente zahlt, die aber nur 20 Prozent des britischen Durchschnittverdienstes beträgt. Vorgeschrieben ist daher die Teilnahme an der einkommensabhängigen staatlichen Zusatzaltersversorgung. Trotzdem erreichen die beiden Komponenten zusammen nur ein Niveau von etwa 33 Prozent des Durchschnittseinkommens, woraus sich ein starker Zwang zur privaten Vorsorge ergibt. Diese und auch die betriebliche Altersvorsorge sind daher in England viel stärker ausgebaut als bei uns. Es gibt steuerlich begünstigte Ansparpläne für diese Pensionsfonds, die vor allem in Aktien anlegen. Das beinhaltet natürlich ein gewisses Risiko, ermöglicht aber andererseits wesentlich höhere Renditen. Wir sehen aus diesen wenigen Beispielen, daß man anderswo das Auseinanderlaufen von "Generationenvertrag" und demographischer Entwicklung wesentlich früher erkannt und entsprechend gehandelt hat. In 30 Jahren wird jeder dritte Einwohner eines Industriestaates längst älter als 60 Jahre sein. Eine Gesellschaft von "Greisen" dämmert herauf, mit allen Konsequenzen, unter anderem aber vor allem mit finanziellen Folgen. Denn die "Grufties" sind noch putzmunter und leben immer länger.

Ein wichtiger Hinweis soll hier nicht verschwiegen werden: Es fehlt mir - wie Ihnen sicherlich auch - an der nötigen Kompetenz, die einzelnen Altersversorgungsmodelle im Detail zu durchforsten oder gar die sehr komplexen und auf einer ganzen Reihe hypothetischer Zukunftsannahmen beruhender Rechnungen des "Generational Accountig" (etwa: Bilanzierung über Generationen hinweg) nachzuvollziehen und damit zu bewerten, welche Form staatlicher Alterversorgung "am besten" ist. Deutlich wird jedoch: Das Ende der staatlichen Fürsorgesysteme bisheriger Prägung zeichnet sich ab - in weltweitem Maßstab.

Fortentwicklung in der Sackgasse

Einige der Rentenexperten bei uns können, wollen oder dürfen die Schwachstellen des bei der gesetzllichen Rentenversicherung praktizierten Umlageverfahrens nicht sehen. Eine Kommission "Fortentwicklung der Rentenversicherung" - ihr gehören erlauchte Geister an - berät seit 1996 die alte und jetzt wahrscheinlich die neue Regierung. Es entsteht der Eindruck, als ob es für die Arbeit der Kommission politische Vorgaben gäbe, die unter anderem lauten: Beibehaltung des Umlageverfahrens und Ablehnung des Kapitaldeckungsverfahrens. Man darf sich nicht wundern, wenn sich angesichts solcher Rahmenbedingungen die "Fortentwicklung" stets nur in Richtung der bekannten Sackgasse bewegt. Ein grundlegender Wandel ist nicht in Sicht. Ganz früher gab es einmal den mehr oder minder ehrenwerten Beruf des Kesselflickers. Hier sehen wir eine ganze Gang dieser Leute einen Kessel reparieren, der fast nur noch aus Flicken besteht. Einer dieser Flicken sieht

Experten-Pläne in der Schublade

Wie wird die neue rot-grüne Regierung das Rentenproblem zu lösen versuchen? Für alle Fälle steht ein Experten-Gremium bereit: Der "Wissenschaftliche Beirat beim Bundeswirtschaftsministerium" besteht aus 33 Professoren. Sie haben sich den Kopf über die Zukunft der Alterssicherung zerbrochen und schon Pläne für eine Änderung des Rentensystems in der Schublade.

Danach soll die gesetzliche Altersrente langfristig zur Hälfte aus privater Sparvorsorge und zur anderen Hälfte aus laufenden Beiträgen finanziert werden. Der Beitragssatz von derzeit 20,3 Prozent müßte möglichst schnell um eine "Pflichtsparquote" von gut vier Prozent ergänzt werden. Die Pflichtersparnis müsse den Versicherten vorgeschrieben werden.

Jeder Versicherte soll aber selbst entscheiden können, wo er das Geld anlegt, also beispielsweise in Investmentfonds, Lebensversicherungen, Pensionsfonds. Nur so könne das angepeilte Rentenziel von 64 Prozent des Nettoeinkommens gesichert werden. Die Rentenreformen von 1992 und 1999 könnten allenfalls eine "kurzfristige Linderung des Finanzierungsproblems" erreichen, es drohe die "Krise".

Von einer steuerfinanzierten Grundrente hielten die Rentenprofessoren nichts. Der alte Rentenminister seinerseits hielt von den Plänen der Herren Professores zur Systemreform noch weniger. Der neue Rentenminister wiederrum läßt eine neue Kommission neue Pläne für eine neuerliche Rentenreform ausarbeiten...

so aus: "Geringfügig Beschäftigte" und sogenannte Scheinselbständige sollen in Zukunft in die Sozialversicherungspflicht einbezogen werden. Das spült momentan zweifelsohne neue Gelder in die Kassen, doch man vergißt offenbar, daß dadurch auch **neue Ansprüche** geschaffen werden. Ein kurzfristiger Zeitgewinn, eine Problemverschiebung in die Zukunft! Diese Methode war bislang für die Rentenversicherung symphtomatisch.

Mit Händen und Füßen wehrten sich die noch von Norbert Blüm ausgesuchten Kommissionsmitglieder gegen die Abschaffung des Umlageverfahrens, aber dahinter steht im wesentlichen die Auffassung mancher Politker, daß eine steuerfinanzierte Grundrente den Leistungswillen unserer Gesellschaft untergraben würde - etwa nach dem Motto: Was soll ich mich mein Leben lang anstrengen, wenn ich doch sowieso eine Rente vom Staat bekomme? Geflissentlich wird bei dieser Argumentation aber übersehen, daß ein solcher Schritt bei jedem einzelnen Gelder freisetzen würde, die zum Aufbau einer individuellen Altersversorgung genutzt werden.

Im übrigen ist nicht recht einzusehen, daß eine Einheitsrente notwendigerweise das Leistungsprinzip untergraben würde. Man muß erkennen, daß der Abzug der Rentenbeiträge von Lohn oder Gehalt für den einzelnen den negativen Charakter von Steuern besitzt: Das Geld wird zwangsweise eingetrieben und wandert irgendwohin in uneinsehbare und unkontrollierbare Kassen. Was damit geschieht, kann niemand nachvollziehen. Was nach 30 oder 40 Jahren dafür ausgezahlt wird, mag einem heute niemand garantieren und ist **vertraglich eben nicht geregelt.** Wer es nicht weiß, ahnt zumindest dumpf: Bei dieser staatlichen Geldverwaltung gelten jedenfalls nicht das Leistungsprinzip, sondern politische oder ideologische Gesichtspunkte.

Legt dagegen der einzelne "sein" Geld an, sei es auf dem Sparbuch, in Investmentfonds oder bei einer privaten Rentenversicherung, so kann er das Wachstum seines Vermögens verfolgen und

Die "Allgemeine Verunsicherung" des Rentenprofessors

Ähnlich wie Kurt Biedenkopf mit seiner Vorstellung einer steuerfinanzierten Grundrente ist der Rentenfachmann **Meinhard Miegel** seit Jahren als eine Art "Dissident" unter den Rentenprofessoren bekannt. Er hält ein kapitalfinanziertes System für attraktiver als das Umlageverfahren der gesetzlichen Rentenversicherung. Die Herrschenden haben sich bislang mit Polemik gegen solche Ideen gewehrt.

Untermauert wird Miegels Standpünkt von einer Studie, die ein Team von Wissenschaftlern und Experten unter Miegels Führung am Deutschen Institut für Altersvorsorge erarbeitet hat. Danach ergibt sich die Situation, daß jüngere Versicherungspflichtige mehr Beiträge einzahlen müßten, als sie später an Renten erhalten. Während Rentner, die 1930 geboren wurden, eine Rendite von durchschnittlich drei Prozent erhielten, habe sich der Gewinn für 1950 Geborene auf knapp 1,5 Prozent verschlechtert. Der Geburtenjahrgang 1970 könne nur noch mit einem halben bis ein Prozent Rendite rechnen. Alleinstehende ab Geburtenjahrgang 1960 würden in der gesetzlichen Rentenversicherung einen realen Vermö-gensverlust erleiden.

Die alte Regierung reagierte mit den üblichen Durchhalteparolen: Keinesfalls komme es dazu, daß die Beitragszahler real mehr einzahlen als sie später Leistungen zurückerhalten. Miegel würde Rentner und Versicherte "zielgerichtet verunsichern". Bleibt abzuwarten, wie der neue Rentenminister die Sachlage erklärt.

sich annähernd ausrechnen, was ihm im Alter zur Verfügung steht. Würde er beim Blick auf die magere Verzinsung des Sparbuches erkennen, daß es noch andere, gewinnbringendere Geldanlagemöglichkeiten gibt - na prima! Der wichtige Schritt zu mehr Überlegung und Eigenverantwortung für das eigene Schicksal wäre getan.

Eine der sicherlich unbeabsichtigten, aber dennoch nachhaltigen Nebenwirkungen der umfassenden Sozialsysteme ist doch die, daß sehr viele Menschen sich ihr Leben lang auf den Staat verlassen und zu wenig Gedanken über ihre Lebensplanung machen. Haben sie das Alter erreicht und wollen ihre "Belohnung" für's Mitmachen abholen, stehen sie vor der bitteren Erkenntnis, daß der Staat sie alle über einen Kamm schert: Sorry, die Kassen sind inzwischen leer, die Verhältnisse haben sich eben gewandelt. Ihr müßt mit weniger auskommen, alte Leute brauchen sowieso nicht mehr soviel Geld!

Eine Einheitsrente könnte daher die **mentale Einstellung** eines breiten Teils unserer Bevölkerung auf ungeahnte Weise zum Positiven verändern! Wohlgemerkt: Die sonst zwangsweise eingetriebenen Beiträge stünden zur Verfügung, um bei einem nach kaufmännischen Prinzipien geführten Unternehmen (also gewinnbringend) angelegt zu werden. Die gesetzliche Rentenversicherung wird in dieser Hinsicht bekanntlich denkbar unseriös geführt.

Ein gewichtigeres Argument gegen die Einführung eines kapitalstockgedeckten Rentensystems ist die schiere Größe des benötigten **Anfangskapitals.** Die Vorstellungen schwanken hier zwischen sechs und zehn Billionen Mark. Allerdings ist zu berücksichtigen, daß diese Summe über einen Zeitraum von 40 Jahren aufgebaut würde - eben die sogenannte Übergangsphase. Interessant sind wieder die Einwände einiger Gesellschaftspolitiker: Diese Riesensummen könnten fehlgeleitet werden. Klar: Nicht alle Gelder könnten in Öko-Investments angelegt werden. Die Verwal-

Kapitaldeckungsverfahren löst die Renten-Probleme nicht

Nach Ansicht des Deutschen Instituts für Wirtschaftsforschung (DIW) ist ein vollständiger Wechsel vom Umlage- zum Kapitaldeckungs-System nicht sinnvoll, da die Schwierigkeiten unterschätzt würden.

So hänge die Höhe der Rente von der Entwicklung der Kapitalerträge ab. Diese sei genau so wenig prognostizierbar wie die Einkommensentwicklung beim Umlageverfahren. Zudem wisse bei realistischer Einschätzung niemand, wie lange künftige Generationen leben werden und wann sie in Rente gehen. Deshalb könne die Gefahr einer unerwartet hohen Lebenserwartung und einer frühen Verrentung im Kapitaldeckungsverfahren nicht versichert werden.

Das DIW verwies auf viele private Rentenversicherer, die in der Vergangenheit mit zu niedrigen Lebenserwartungen kalkuliert hätten. Um die angesparten Ansprüche dennoch befriedigen zu können, hätten sie mit Erlaubnis des Bundesaufsichtsamtes für das Versicherungswesen die entstandenen Kosten auf jüngere Versicherte umgelegt. Nur mit Hilfe des Umlageverfahrens können nicht absehbare Gefahren versichert werden, meinen die Wirtschaftsexperten des DIW.

Das DIW: Ein Umstieg auf das Kapitaldeckungsverfahren mache ebenso wie Reformen im jetzigen System Kompromisse zwischen Beitragszahlern und Rentnern notwendig.

tung der Gelder dürfte aber ohnehin nicht in den Händen der Politiker liegen. Ein anderes Gegenargument: Der Kapitalstock könnte zu einer gefährlichen Machtkonzentration - beispielsweise der öffentlichen Hand - führen. Dieses Denken ist entlarvend! Über eine Streuung des Kapitalstocks etwa über private Versicherungsträger, wie es anderswo (beispielsweise USA) geschieht, wird hierzulande offenbar gar nicht erst nachgedacht.

Daß aber im Grundsatz für die Altersvorsorge an der Einbeziehung der Kapitalmärkte kein Weg vorbeiführt, darauf hat ein Weltkongreß von Rentenexperten in London kürzlich hingewiesen, und im übrigen weist ein Grünbuch der **EU-Kommission** zur Altersvorsorge in die gleiche Richtung: In einigen Ländern der Europäischen Union belaufen sich die nicht kapitalgedeckten Zahlungsverpflichtungen der Rentensysteme auf 200 bis 300 Prozent des Bruttoinlandproduktes!

In London wurde zusätzlich bekannt: Schon heute betragen die laufenden Auszahlungen der Pensionssysteme der OECD-Länder rund acht Prozent des Bruttoinlandproduktes, bis 2030 wird die Zahl voraussichtlich auf 17 Prozent anwachsen. Das Rentensystem in den USA sieht sich nicht gedeckten Verpflichtungen von acht Billionen Dollar gegenüber. Japan sieht sich vor unlösbaren Aufgaben. Und so weiter. Lücken, die ohne Reformen des Systems Steuererhöhungen in der Größenordnung von 25 Prozent erzwingen würden. Die Experten hielten es dagegen für wenig realistisch, in den Industriestaaten eine komplette Umstellung der Pensionssysteme auf Kapitaldeckung anzustreben. Wahrscheinlich würden sich gemischte Systeme unter staatlicher Aufsicht herausbilden. Die würden erlauben, die höheren Erträge von Anlagen am Kapitalmarkt anzuzapfen, die Renten der bisherigen Anspruchsberechtigten zu schützen und zugleich eine gut mit Kapital unterlegte Altersvorsorge für die künftigen Generationen zu schaffen.

Eine Pensions-Flut rollt auf die Kommunen zu

Rente mit 60 - das ist der Traum von Bundeskanzler Schröder. Finanzierbar wohl nur aus Steuergeldern. Oder aus speziellen Beiträgen, die in einen "Sonderfonds" wandern. Denn die Steuergelder werden knapp: Traditionell wird die Altersversorgung der Beamten schon immer aus den Steuereinnahmen finanziert. Welche finanziellen Lasten allein aus diesem Sektor auf die Kommunen zurollen, zeigt eine Versorgungsprognose des Bundes für die Großstadt Hamburg.

Danach wird es in der Hansestadt in 25 Jahren zu einem Höchststand von etwa 40.000 Pensionären kommen, die im Jahr rund 3,9 Milliarden Mark beanspruchen. Die Stadtkassen sind aber leer, gespart wird schon jetzt an allen Ecken und Kanten. Der Senat, aufgeschreckt, hat eigene Zahlen veröffentlicht: 1997 kosteten die staatlichen Pensionäre bereits 1,3 Milliarden Mark, im Jahre 2010 werden es 2,3 Milliarden Mark sein, plus Zusatzversorgung des öffentlichen Dienstes.

Hamburg ist überall - der Haushalt von Städten und Gemeinden wird zunehmend von Versorgungslasten aufgefressen, die sich in 15 Jahren verdoppeln werden. Ein finanzpolitisches Horrorszenario! Die Pensionsbombe droht, durch die Rente mit 60 vorzeitig zu detonieren.

Der Wirtschaftswissenschaftler Professsor Christoph Haehling von Lanzauer von der FU Berlin bringt die Kritk an der Rentenreformkommission auf den Punkt: "Widersprüchlich sind die Ergebnisse der Kommission, wenn sie für die gesetzliche Rentenversicherung eine Kapitaldeckung ablehnt, aber im gleichen Atemzug zur Dekkung der entstehenden Versorgungslücke den Ausbau einer solchen Altersvorsorge auf betrieblicher und privater Basis fordert." Als wichtigstes Argument für das Kapitaldeckungsverfahren müsse die Effizienz herangezogen werden, und dazu macht der Wirtschaftswissenschaftler eine erschütternde Rechnung auf: Hätte der berühmte **"Eckrentner"**, also ein Erwerbstätiger mit Durchschnittseinkommen, von 1957 bis 1996 im Kapitaldeckungsverfahren auf seine Rente gespart, würde seine Rente heute bei 99 Prozent seines Nettoverdienstes liegen. Im Umlageverfahren erzielt er heute nur 66 Prozent!

Der Eckrentner existiert aber praktisch nicht. Er ist nur eine Rechengröße, die angenehm hohe Zahlen für die Statistik produziert und dem Publikum damit Sand in die Augen streut - darauf habe ich schon in "Alter in Armut?" hingewiesen. Im realistischeren Fall eines Erwerbstätigen, der anfänglich nur 60 des Durchschnittsverdienstes erhält, später aber 140 Prozent, würden die Rentenansprüche für den gleichen Zeitraum bei 77 Prozent liegen. Im Umlageverfahren unserer Rentenversicherung erhält dieser aber nur 51 Prozent. Zahlen, die doch endlich auch einmal den Politikern zu denken geben sollten, die mit ihren teilweise exorbitanten Versorgungsbezügen aber offenbar immun gegen den Problemdruck des Normalbürgers sind.

Halten wir fest: Das größte Problem des gegenwärtigen Umlage-Schneeballsystems der Rentenversicherung ist die demographische Entwicklung. Ein kapitalgedecktes System würde die Rentenversorgung von dieser Entwicklung abkoppeln und damit sicherer und vorausschaubarer machen. Es besteht keine Notwendigkeit, dieses System staatlich zu organisieren.

Schröders Garantie-Rente: Ausschneiden, aufbewahren und mit 60 wiedervorlegen!

"Endlich frei!" Diesen Jubelruf sollen Deutschlands Rentner nach den Vorstellungen des neuen Kanzlers Schröder schon im Alter von 60 Jahren ausstoßen dürfen. In seiner Regierungserklärung gab er eine dreifache Garantie ab.

"Wir wollen einen mit Leben erfüllten Generationenvertrag, keinen Vertrag zu Lasten der Arbeit. In diesem Sinne werden wir dem Bundestag Vorschläge zur Reform der Alterssicherung vorlegen, die auf Solidarität und gesellschaftliche Realitäten abzielen. Dabei geben wir eine dreifache Garantie ab:

1. Wir werden den heute in Rente lebenden Menschen ihre Rente sichern und ihnen jedenfalls nicht ihre ohnehin oft geringen Einkünfte kürzen.

2. Denjenigen, die heute in die gesetzliche Rentenversicherung einzahlen, sagen wir zu, daß sie damit wirksame und leistungsgerechte Rentenansprüche erwerben.

3. Denjenigen, die jetzt ins Berufsleben eintreten, sichern wir den Umbau der Alterssicherung zu einem transparenten zukunftsfähigen Versicherungspaket zu."

Gerichtsstand bei späteren Garantie-Streitigkeiten wäre wohl Berlin, dann der Bundesgerichtshof in Karlsruhe.

Das "Frankfurter Institut", dessen Wirtschaftswissenschaftler sich für einen "geordneten Rückzug" aus dem alten System einsetzen, hat anhand von Simulationsrechnungen folgendes mögliche und, wie mir scheint, äußerst optimistische Szenario erarbeitet:

1. Spätestens mit dem Jahr 2005 wird mit dem Aufbau einer kapitalgedeckten Rentenversicherung begonnen. Der Beitragssatz wird so bemessen, daß nach 45 Beitragsjahren ein Rentenniveau von 70 Prozent erreicht wird; dazu ist ein Beitragssatz von neun Prozent anzusetzen.

2. Das Renteneintrittsalter wird bis spätestens zum Jahr 2005 für alle Versicherten auf 65 Jahre festgelegt; vorgezogener Ruhestand hat versicherungsmathematisch korrekte Abzüge von der Rente zur Folge.

3. Der Gesamtbeitragssatz wird auf 20 Prozent des beitragspflichtigen Einkommens begrenzt. Davon stehen, nach Abzug des Beitrags zur kapitalgedeckten Rentenversicherung, 11 Prozentpunkte zur Deckung der Altansprüche aus dem Umlageverfahren zur Verfügung.

Die Deckungslücke von bis zu vier Prozentpunkten, die unter der Annahme eines Rentenniveaus von 70 Prozent entstehen wird, kann geschlossen werden durch einen erhöhten Bundeszuschuß, eine Absenkung des Rentenniveaus oder reine Kreditfinanzierung.

Nach 45 Jahren, so schätzt das "Frankfurter Institut", haben alle neuen Rentner nur noch Ansprüche auf die kapitalgedeckte Rentenversicherung, nach 60 Jahren ist das Umlageverfahren endgültig obsolet geworden. Für das Management der Gelder werden öffentliche Körperschaften empfohlen, die einer besonderen Aufsicht unterstehen. Vermutlich hat auch dieses Konzept wenig Chancen auf Verwirklichung, und schon gar nicht unter einer Regierung, die die Rolle des Staates als Vormund und Wohltäter des

Die grüne Rente

Auch die Grünen haben Überlegungen zur Reform des Rentensystems angestellt. So solle die Senkung des Beitragssatzes, die durch die Ökosteuer gegenfinanziert werde, an die Rentner weitergegeben werden, weil auch sie die Steuer zu tragen hätten, fordern sie. Hauptansatzpunkt ist freilich die "sozial ungerechte" Berechnungspraxis (Anwartschaften) der Rentenansprüche. Ein Denkmodell der Grünen sieht vor, die 40 Anrechnungsjahre mit den höchsten Beitragszahlungen zwischen dem 16. und 69. Lebensjahr als Maßstab zu nehmen. Versicherungszeiten über 40 Jahre hinaus würden dann nicht mehr in dem Maße berücksichtigt, wie sie heute angerechnet werden. Qualifikationszeiten, Teilzeitarbeit und geringfügige Beschäftigung wollen die Grünen mit etwa 60% des Durchschnittslohns aller Versicherten bei der Rentenberechnung anerkennen. Bei der Teilzeit solle dafür die Bundesanstalt für Arbeit aufkommen.

Jedesmal, wenn die Ökosteuer angehoben werde, müsse ein Teil der künftigen Einnahmen dazu verwendet werden, den Sozialversicherungsbeitrag weiter zu senken. Fernerhin solle bei den "großen Renten" gespart werden, indem ein "degressiver Altersfaktor" eingebaut werde: Danach sollten die Renten mit steigender Lebenserwartung und entsprechend längeren Rentenlaufzeiten langsamer steigen. Und: "Kleine" Renten sollten schneller steigen als "große" Renten. Über den Unterschied bzw. die Abgrenzung müsse diskutiert werden. Für die Bezieher geringer Einkommen solle es zusätzliche finanzielle Anreize für private Altersvorsorge geben. Deutlicher kann es niemand vor Augen führen: Die Rente ist keine Versicherung, sondern ein Spielball der jeweils an der Macht befindlichen Politiker.

Bürgers wieder in den Vordergrund rücken will. Durch Senkung des Rentenalters auf 60 Jahre - endlich einmal ein neuer Ansatz - bringt man möglicherweise mehr junge Leute in Arbeit. Freilich frißt die künstlich vergreiste Gesellschaft dann deren Steuern und Rentenbeiträge mehr als auf - es sei den, man setzt ihnen Magerkost vor. Aber vielleicht irren wir uns, und es gelingt ein kühner Wurf zur Sanierung des Rentensystems.

Aufzeigen will ich bei Anführung der verschiedenen und höchst unterschiedlichen Ansätze der Experten lediglich: Die Umstände verlangen nach neuen Konzepten. Die nahe Zukunft unseres Rentensystems ist derart unsicher und der Karren so in den Sand gefahren, daß alle Versuche, ihn wieder flott zu bekommen, kaum vom Staat zu finanzieren sind. Und wenn, dann nur um den Preis sehr schmerzhafter Einschnitte. Und die werden auch in Deutschland kommen, mag es fünf, mag es noch zehn Jahre dauern. Die Zeit, in der die Feigheit der Volksvertreter vor dem Wähler ein Ende hat und eine Lösung gefunden werden muß, ist nicht mehr fern und wird durch das ständige Anwachsen der älteren Menschen samt ihren finanziellen Lasten erzwungen. Hier tickt - bildlich gesprochen - eine biologische Zeitbombe. Ist die kritische Masse erreicht, geht sie hoch.

Warum sagt man nicht in aller Deutlichkeit - und so lange die Zeit noch da ist, die gravierendsten Folgen abzufedern und jedermann und -frau auf die Zukunft vorzubereiten: Das bisherige Umlagesystem (der "Generationenvertrag") funktioniert nicht mehr, wird nur noch nach der Methode Verschiebebahnhof notdürftig am Leben gehalten, solange die Politiker noch in irgendeine andere Kasse greifen können. Existiert keine mehr, wird eine neue erfunden: Man denke an das Beispiel der neuen "Familienkasse" für kind- und familienbezogene Ausgaben (Erziehungsgeld, Beiträge für Kindererziehungszeiten), aus der die Beiträge an die Rentenversicherung gezahlt werden sollen. Neu ist nur der Name dieser Kasse, finanziert wird sie aus Steuermitteln. Oder die

"Der Besitzstand der Rentner wird nicht angetastet..."

"Die Rentenreform 1992 sichert die Rente für das nächste Jahrhundert. Durch die Rentenreform 1992 wurde ein System geschaffen, das sich selbst steuert. Das macht immer wiederkehrende Eingriffe entbehrlich..."
So stand es doch damals tatsächlich in vielen amtlichen Broschüren. Nur ein paar Jahre sind vergangen, erneute Reformen und Eingriffe wurden durchgeführt oder angekündigt und die obigen Sätze als ziemlicher Schwindel entlarvt. Zumindest hat jede weitere Ankündigung von Reformen, die etwas verbessern sollen, damit erhebliche Glaubwürdigkeitsprobleme.
Am skeptischten sind im Grunde die Manager der gesetzlichen Rente selbst, nämlich der Verband der Deutschen Rentenversicherungsträger (VDR). Der Verband hält beispielsweise gar nichts von dem Vorschlag einer durch Tariffonds finanzierten Rente ohne Abschläge nach 60 Jahren. Der Vorschlag kommt aus der Gewerkschaftsecke und soll so funktionieren: Arbeitnehmer verzichten fünf Jahre lang auf jeweils einen Prozentpunkt Lohnerhöhung. Der Gegenwert wird in einen Tariffonds eingezahlt, aus dem die vorgesehenen Rentenabschläge von 3,5 Prozent finanziert werden, die Rentner hinnehmen müssen, wenn sie vor dem 65. Lebensjahr in den Ruhestand gehen wollen. Der Kritikpunkt: Die Rentner bekämen wegen der Nettoanpassung entsprechend dem fünfjährigen Lohnzuwachsverzicht der Aktiven weniger an Rentenerhöhung (Die Rentenerhöhungen sind bekanntlich an die Nettolöhne gekoppelt).
Wir sehen: Ein perpetuum mobile gibt es leider nicht - irgendeiner muß immer bezahlen.

"versicherungsfremden Leistungen", die die Performance der Rentenversicherung so schlimm verwässern. Verlagert man sie in die Steuerkasse, muß schließlich auch jemand dafür bezahlen, der Steuerzahler nämlich.

Denken wir auch einmal an die weiteren Sozialsysteme, in denen es kracht und knirscht: Die Pflege-und Krankenversicherung! Hier tun sich weitere schwarze Löcher auf, die alles verschlingen werden und denen mit den herkömmlichen Mitteln wie Beitrags- und Steuererhöhungen nicht beizukommen sein wird.

Denken wir an die hohen Zahlen der Menschen ohne Arbeit und die dahinterstehenden Geldleistungen der Arbeitslosenversicherung. Alle diese Sozialleistungen sind einmal für ein Wirtschafts- und Gesellschaftssystem konzipiert worden, das es so längst nicht mehr gibt.

Denken wir an die ausufernde Schwarzarbeit, die die Sozial- und Steuerkassen gleichermaßen schädigt. Denken wir an die enorme Zinslast aus der wachsenden Staatsverschuldung. Wo sollen noch zusätzliche Mittel in einer Größenordnung locker gemacht werden, wie sie zu einer Sanierung der Rentenkassen notwendig wären? Wer zwei und zwei addieren kann, sollte sich rechtzeitig auf folgende Dinge einstellen:

Eine wirkliche Reform unseres Rentensystems wird nur in einer Umstellung auf eine kapitalstockgedeckte Altersversorgung liegen können.

Ob dieser Übergang graduell erfolgt, parallel zum Umlagesystem läuft oder noch eine andere Lösung gefunden wird, ist dabei für das Resultat nebensächlich: Alle Lösungen werden mit einer erheblichen Leistungsminderung einhergehen müssen - das Kapital muß erstmal angesammelt, inzwischen aber die "alten" Renter weiterhin zumindest so bedient werden, daß sie nicht aufschreien

Wie es weitergeht...

... steht in den Sternen. An Alternativen (im nachfolgenden sind nur einige aufgezählt) mangelt es nicht. Was heute noch bizarr erscheint, kann morgen schon Wirklichkeit werden. Auf jeden Fall wird deutlich, daß nichts mehr so sein wird wie früher: Es heißt (für die Rentner von morgen) Abschied nehmen von gewohnten Vorstellungen.

1. Die neue Regierung operiert mit den Schlagworten "sozial" und gerecht", was bedeutet, der Staat muß für seine Untertanen sorgen. Die Rente wird ganz oder überwiegend aus Steuern finanziert. Weil das Geld nicht ausreicht, wird die Rente verringert und die Steuern erhöht. Rechnerisch ist es bestechend, was sich alles aus einem Liter-Benzinpreis von 5 Mark finanzieren läßt...

2. Es bleibt beim gewohnten Umlageverfahren mit bisheriger Rentenhöhe; die Defizite werden aus Steuern finanziert, die dann kontinuierlich erhöht werden müssen. Motto: Die Schmerzgrenze ist eh schon überzogen.

3. Eine Grundrente am oder knapp über dem Sozialhilfesatz, und Gesetze, die den Bürger in irgendeiner Form "anleiten", privat vorzusorgen. Oder eine Variante, in der der Staat mit Zuschüssen aus Steuermitteln auch noch einen Beitrag beisteuert, damit die Grundrente etwas höher liegt.

4. Radikallösung: Die von manchen Experten auf 300 Milliarden Mark geschätzen sogenannten Stillen Reserven der Lebensversicherer werden vergesellschaftet (enteignet) und der Rentenversicherung als Kapitaldeckungsstock zur Verfügung gestellt.

und nach Bonn oder Berlin marschieren. Im Klartext und ganz und gar unverblümt heißt das: Die **Einheitsrente** für zukünftige Rentner wird über kurz oder lang kommen. Und damit die absolute Notwendigkeit für jeden, im Laufe seines Arbeitslebens am Aufbau eigener Vermögenswerte zur Altersversorgung schon heute zu arbeiten. Rot-grün haben zu Beginn ihrer Legislaturperiode schon mehr oder minder intensiv über eine Einheitsrente nachgedacht, was sich am Ende daraus entwickelt, muß die Zukunft zeigen.

Für Sie aber hat die Zukunft bereits begonnen! Schon ab heute, hier und jetzt, werden Sie nie das Geld wiedersehen, das Sie während Ihres Arbeitslebens in die heutige gesetzliche Rentenversicherung zwangsweise einzahlen müssen. Wird Ihnen 2012 und später überhaupt noch etwas gezahlt, so freuen Sie sich. Aber rechnen Sie nicht damit, daß dieses Geld ausreichen wird, Ihre gewohnte Lebensqualität auch nur annähernd aufrechtzuerhalten!

Wir sind aus dem Rentnerparadies vertrieben worden, und keiner hat`s so richtig gemerkt!

Achten Sie auf die Lippen der Politiker! Je lauter sie tönen, die Renten seien sicher, desto eher steht wieder einmal der Bankrott des Systems vor der Tür. Und ausgerechnet in diesen Zeiten ereignet sich etwas, was alle privaten Anstrengungen, einen eigenen "Kapitaldeckungsstock" zur Alterssicherung aufzubauen, in große Gefahr bringen kann:

Eine neue Währung mit höchst ungewisser Zukunft wird eingeführt!

2. Abschnitt: Die Krise um den Euro

Eine Kunstwährung, die die zum Teil höchst unterschiedlichen Volkswirtschaften von 11 europäischen Ländern unter einen Hut bringen soll, ohne daß fortan ein "Sicherheitsventil" z.B. in Gestalt unterschiedlicher Wechselkurse besteht, erweist sich als abenteuerliche Expedition ins Unbekannte.

Von einer politischen Einigung scheint Europa weit enfernt zu sein - nun soll es über den Weg der Wirtschaft klappen, und die Fußkranken sollen während des Marsches aufgepäppelt werden. Ein großangelegter Solidaritätstest: Wie lange werden die besser ausgestatteten Expeditionsteilnehmer bereit sein, zu teilen (z.B. durch Abstriche an Löhnen und Tarifen)? Draußen vor der Tür drängeln bereits die Länder Osteuropas um Eintritt. Der Druck auf die Gemeinschaft wird wachsen.

Der Euro ist das Kind von Regierungen - der Wähler wurde vorsichtshalber nicht gefragt. Dieser Abschnitt zeigt verschiedene Hintergründe auf, die die Entwicklung in den kommenden Jahren prägen werden. Die Menschen ahnen: Eine Ära der relativen Stabilität wird zu Ende gehen, abgelöst von einer unsicheren Zukunft.

Über unser Geld:

Die Mark ist futsch!

Die Mark ist weg! Aus, futsch, vorbei! Seit Jahresbeginn 1999 wird in Europa in Euro gerechnet. Auch wenn es dann noch ein bißchen dauert, bis wir im Jahre 2002 die neuen Münzen und Scheine in unseren Händen drehen und mißtrauisch betrachten und befühlen.

Ich bin ziemlich sicher, daß Sie nach kurzer Eingewöhnungszeit das neue Geld mit gleicher Gedankenlosigkeit und Nachlässigkeit behandeln werden wie vorher die vertraute D-Mark. Oder können Sie auf Anhieb den Namen der Dame nennen, die den Zehn-Mark-Schein schmückt, oder den des Herrn, der den Fünfziger verschönt? Wer ist auf einem Tausender abgebildet? Befindet sich auf den Scheinen noch die Unterschrift des Bundesbankpräsidenten, oder ist es die seines Amtsvorgängers oder gar die des Pförtners?

Fragen, die so ziemlich jedermann und -frau überflüssig erscheinen, denn auf geheimnisvolle Weise "kennen" wir unser Geld und haben Vertrauen, daß irgendwie alles in Ordnung ist. Im Supermarkt und Kaufhaus wird es ebenso klaglos akzeptiert wie am Kiosk oder an der Tankstelle. Bestenfalls wird mal schnell ein Schein per UV-Licht kontrolliert, ob er auch echt ist. An der grundlegenden Eigenschaft des Stückchen Papiers, das wir Geld nennen, ändert sich nichts: Auch ein echter Hunderter wäre bestenfalls 25 Pfennig (Material- und Herstellungskosten) wert. Und doch tun alle so, als ob die aufgedruckten Zahlen verbindlich seien. Sogar Ihre Bank! Solange das so ist, scheint die Welt in Ordnung zu sein.

Geld als kollektive Illusion

Wir sehen: Geld ist nichts anderes als eine **kollektive Illusion!** Solange eine Menge Leute sich verabredet haben, an diese Illusion zu glauben, handelt es sich um ganz normalen Wahnsinn, wird von den Betroffenen also nicht einmal bemerkt. Das Unglück des Euro besteht darin, daß verhältnismäßig wenig Leute an diese neuerliche Illusion glauben wollen. Diese Leute, unter denen sich viele Wirtschaftsprofessoren befinden, gelten als arme Irre. Die Welt ist verrückt!

Aber weiter: Wir machen ein Experiment. Sie fertigen kleine Zettel an, schreiben "Geld" darauf und einen beliebigen Wert, sagen wir 13 Mark, und unterschreiben. Nun gehen Sie damit einkaufen und achten darauf, was passiert. Ich rate dringend, dieses Experiment nur in Gedanken zu machen! Andernfalls würden Sie sehen: Keiner will Ihr Geld akzeptieren - auch im engsten Freundeskreis dürfte das rechte Vertrauen fehlen, obwohl man Sie doch gut kennt.Sie ahnen die Ursache: Die aufgeschriebene Zahl muß durch einen **Wert** hinterlegt sein, um überzeugend zu wirken. Sie mögen ein netter Kerl sein, ordentlich gekämmt und mit sauberen Fingernägeln - irgendwie fehlt das letzte Vertrauen in ihr eigenes Papiergeld.

Ganz früher verwendete man Vieh, Salz, seltene Metalle, in der Südsee auch Muscheln oder gar Frauen als Zahlungsmittel. Besonders in der heutigen schnellebigen Zeit ist das denkbar unpraktisch. Es ist halt bequemer, die Scheine in der Börse bei sich zu tragen als beim Einkauf etwa eine Viehherde vor sich herzutreiben - von den umständlichen Problemen der Werteinschätzung des jeweiligen Zahlungsmittels und der Herausgabe geeigneten Wechselgeldes einmal ganz abgesehen. Und seine eigene Frau in Zahlung zu geben, verbietet sich schon aus Gründen der "political correctness", auch wenn es mancher vielleicht gern möchte...

Geld ist eine Abstraktion

Ich muß es noch einmal wiederholen: Die Sache mit dem Wert von hundert Mark, den man so bequem mit sich herumtragen kann, funktioniert also eigentlich nur, weil alle Mitmenschen **Vertrauen** darauf setzen, daß Ihr Schein gesetzliches Zahlungsmittel und damit morgen auch noch gültig ist. Mehr noch: Der Schein sollte selbstverständlich auch morgen noch, in drei Monaten oder in einem Jahr den gleichen Wert besitzen! Wäre das nicht der Fall, würde es uns schlecht bekommen: Jeder, der ein bißchen Geld oder sehr viel angehäuft hätte, würde es schleunigst in einer anderen, harten Währung anlegen, um keine Verluste zu erleiden. Im Extremfall ging es bei uns zu wie in einer Bananenrepublik: Die Unternehmen würden das verdiente Geld ins Ausland bringen und nicht mehr in neue Arbeitsplätze investieren. 50 Jahre Geldpolitik der Bundesbank haben aber ein derartiges Vertrauen aufgebaut, daß uns die Stabilität, der Werterhalt der D-Mark, selbstverständlich erscheint.

Aber weiter: Geld, so wie es heute im Umlauf ist und von uns verwendet wird, ist vor allem eine Idee, eine **Abstraktion**. Wir tauschen das, was wir als Gegenwert für unsere Arbeitsleistung bekommen haben, für einen anderen Gegenwert in Form von Waren oder Dienstleistungen ein und benutzen Geld - wie immer es auch aussieht - als ein **Zahlungsmedium**. Wer nicht einmal Scheine bei sich führen will, benutzt die Geld- oder Kreditkarte. Der überwiegende Teil des Geldes, das in unserer Volkswirtschaft im Umlauf ist, besteht allerdings nicht einmal aus Münzen oder Scheinen, sondern lediglich aus ein paar Ziffern, die von einer Bank auf irgendein Papier geschrieben oder gedruckt wurden. „Buchgeld" heißt die Bezeichnung. Hier fungiert "unsichtbares" Geld als **Wertaufbewahrungsmittel**. Es wird in Büchern oder Kontoauszügen „zwischengelagert", bis es irgendwo und irgendwann wieder in Gestalt von Scheinen und Münzen zum Vorschein kommt.

Die Vermutung drängt sich auf: Weil Geld in modernen Volkswirtschaften letztlich eine abstrakte, sehr komplexe Idee ist, wissen so viele Leute so wenig über den Stoff, den sie doch täglich brauchen! Das Verständnis von Geld beruht bei den meisten Menschen daher weniger auf Wissen als auf praktischer Lebenserfahrung. Hier erleben wir Geld ganz unmittelbar als Wertmesser. Ein **Maßstab**, mit dessen Hilfe wir den Wert verschiedener Güter, aber auch Dienstleistungen (unsere eigene Arbeit einbezogen) vergleichen können.

Um an Geld zu gelangen, müssen wir arbeiten, ein Produkt erschaffen oder eine Dienstleistung erbringen. Für diesen Gegenwert erhalten wir Geld. Aber warum verdienen wir nicht einfach doppelt soviel? Dann würde es uns doch schlagartig besser gehen! Wir könnten mehr kaufen, anschaffen, konsumieren. Diese Frage bewegt sogar diplomierte Physiker, die ansonsten alle Dinge dieser Welt erklären können.

Eine Idee, die sogar funktionieren würde - wenn es eine Armee von unbezahlten Heinzelmännchen geben würde, die die Waren und Dienstleistungen bereitstellen, die wir mit unserem verdoppelten Verdienst nun konsumieren wollen. Solange wir es sind, die die Güter und Dienstleistungen erbringen, kann sich unser Verdienst leider nur in bestimmten Grenzen halten. Dunkel ahnen wir: Das, was wir herstellen oder leisten, kann am Markt nicht zu einem beliebig hohen Preis verkauft werden. Am Ende kauft es niemand, weil es zu teuer ist. Unserem Lohn sind daher Grenzen gesetzt. Über den Verlauf dieser Grenze streiten sich Arbeitgeber und Gewerkschaften gelegentlich sehr heftig. Am Ende finden Sie eine Übereinkunft darüber, was zumutbar ist, damit der Betrieb weiter seine Produkte zu durchsetzbaren Preisen am Markt verkaufen kann, damit er das Geld bekommt, um den Mitarbeitern höhere Löhne zahlen zu können. Wenn das Unternehmen aufgrund der Wettbewerbsituation am Markt, der heute ein Weltmarkt ist, die Preise für seine Erzeugnisse nicht erhöhen kann, gibt es einen anderen Ausweg, an höhere Löhne zu kommen: Die Produktivität muß erhöht werden. Das heißt: In der gleichen (Arbeits-)Zeit und mit verringerten Kosten wird mehr produziert. Oder auch: Weniger Mitarbeiter produzieren dieselbe Anzahl von Erzeugnissen. Die anderen gehen in den Vorruhestand oder werden arbeitslos.

Geld hat eine weitere tückische Eigenschaft: Es besitzt nur einen relativen Wert. Zwar sagen wir -denkbar unpräzise - von jemandem, der „viel Geld" besitzt, er sei „reich". Aber es kommt entscheidend darauf an, was man für diesen „Reichtum" und zu welchen Preisen kaufen kann.

Der Wert des Geldes

Zur Erinnerung: Es gab einmal eine Zeit, in der fast jeder Deutsche Multi-Millionär oder gar Billionär war und sich trotzdem kaum ein Ei leisten konnte. Denn das kostete (im November 1923) lockere 80 Milliarden Mark, ein Pfund Fleisch gar um die 3 Billionen Mark! Wer diese Zeit des allgemeinen „Reichtums" noch miterlebt hat, möchte heute unter keinen Umständen auf diese Weise zum Millionär werden! Sogar unsere stolze D-Mark ist nach 50 Jahren Opfer der Inflation geworden: Eigentlich ist sie heute nur noch 27 Pfennig wert!

Ein anderes Beispiel: In der untergegangenen DDR besaß das Geld zuletzt nur noch den Charakter eines Bezugsscheins für eine

Mit der D-Mark den Dachstuhl isolieren...

Wohin mit dem alten Geld? Sicher könnten die nicht mehr benötigten D-Mark-Scheine beim Monopoly für eine realitätsnähere Atmosphäre sorgen. Aber die Bundesbank will das Geld zurückhaben - es ist schließlich ihr Eigentum!

Rund 2,6 Milliarden Banknoten sind im Umlauf, das gibt einen immens hohen Berg voller Müll. 124 Güterzüge voller Mark- und Pfennigstücke werden in sogenannte Auffanglager rollen. Die Entsorgung ist die letzte große Aufgabe der Bundesbank. Die aktive Vernichtung der D-Mark-Scheine sollen die Landeszentralbanken mit ihren Schreddermaschinen vornehmen. Jeder Schein wird dabei in etwa 800 hauchdünne Schnipsel geschnitten. Und dann - wohin? Mülldeponien und Verbrennungsanlagen kosten viel Geld.

Die Bundesbank prüft derzeit Alternativen. Da die Noten heute weitgehend umweltverträglich sind, könnte der Geldmüll durchaus als Dämm-Material beim Hausbau oder als Mittel zur Bodenauflockerung im Weinberg zum Einsatz kommen. Auch der Verkauf als Konfetti wird erwogen.

Mein Rat wäre: Aufheben, zwischenlagern. Vielleicht brauchen wir das Geld nach ein paar Jahren wieder...

geringe Zahl ganz bestimmter Waren und Güter. Höherwertige oder ausländische Erzeugnisse und auch Dienstleistungen konnte sich nur leisten, wer über „richtiges" Geld - sprich Devisen - verfügte. In den letzten Jahren der DDR war die D-Mark praktisch zu einer Schattenwährung im Lande geworden. Denn auch im Ausland mochte niemand das Ost-Geld annehmen, weil man dafür eben nichts kaufen konnte. Kaffee? Südfrüchte? Die gab's auf den Weltmärkten nun einmal nur gegen gutes Geld. Deshalb mußte die Regierung „Devisenbeschaffer" wie Schalk-Golodkowski und seine Helfer beauftragen, laufend neue Quellen anzuzapfen: Politische Gefangene, Kunstwerke, Waffen, Blutkonserven und viele andere Dinge wurden für D-Mark und Dollars meistbietend verkauft. Und natürlich alle anderen brauchbaren Industrie-Erzeugnisse, für die auf dem Weltmarkt Devisen zu erzielen waren.

Aber zurück zu unserem Hundertmark-Schein: Wenn der aufgedruckte Betrag also nur einen relativen Wert besitzt - ja, wer stellt dann den wahren Geldwert fest? Wenn Sie darauf eine fundierte Antwort erhalten möchten, kommen Sie um ein Studium der Wirtschaftswissenschaft nicht herum.

Behelfen wir uns mit einer simplen Theorie: In unserem Wirtschaftssystem steht der gesamten Geldmenge eine ebensolche Gesamtmenge aller produzierten Güter und Dienstleistungen gegenüber. Irgendwer, genauer, die Bundesbank, ermittelt das anhand wirtschaftlicher Kennziffern. Die Theorie geht weiter: Solange diese Bilanz ausgeglichen ist, bleibt der auch Wert (die Kaufkraft) des Geldes konstant. Die Bundesbank, unsere einzige Bezugsquelle für Geld, hat sich in der Vergangenheit gehütet, einfach ein paar Millionen oder Milliarden Mark mehr zu drucken, mit denen die Bundesregierung beispielsweise den Haushalt entschulden oder die sie an die Rentner hätte auszahlen können. Einer solchen Aktion, so sozial und wünschenswert sie wäre, stände kein Gegenwert gegenüber - der Geldwert würde verringert, die D-Mark würde weich und weicher. Am Ende könnten wir es sogar mit den

Händen fühlen: Statt schwerem Hartgeld die leichten Alu-Chips a la DDR. Hätte die noch 20 Jahre länger existiert, wäre das Münzgeld womöglich am Ende aus dem Kombinat Plaste & Elaste geliefert worden. Noch hat keiner von uns die Euromünzen in der Hand gehabt. Aus psychologischen Gründen sollen sie sich aber "schwer" anfühlen, habe ich erfahren. Man hat offenbar etwas gelernt.

In der Praxis verändern sich nun trotzdem sowohl Geldmengen als auch die Mengen der Güter und Dienstleistungen ständig. Denn in einer freien Marktwirtschaft besteht die Hauptaufgabe darin, stets ausreichend solche Waren zur Verfügung zu stellen, die gerade verlangt werden. Das ist schwer zu steuern und deshalb einfacher gesagt, als getan: Sollte es vorkommen, daß beispielsweise zuviele Textilien und Fernseher produziert werden, wandert die überschüssige Kaufkraft der Verbraucher vielleicht in Urlaubsreisen. Das Resultat: Preisverfall bei Textilien und Fernsehgeräten (keiner kauft noch), Preisanstieg bei Urlaubsreisen (die verfügbaren Plätze werden wegen der hohen Nachfrage teurer verkauft).

Über den Preis und die Reaktion der Verbraucher regulieren sich derartige Entwicklungen meist von selbst - sagt zumindest die Theorie. Was passiert, wenn die Leute, z.B. wegen zu hoher Steuern überhaupt kein Geld mehr für den Konsum übrig haben? Dann wird nichts mehr produziert, und die Leute bleiben zu Hause, weil es keine Arbeit mehr gibt. Aber in der Theorie regelt der Markt das alles schon. Jedenfalls war das früher so. Heute sind die Wirtschaftstheorien leider auch nicht mehr das, was sie einmal waren.

Wie funktioniert die Geldwertstabilität?

Die inneren Werte unseres Geldes

Mit der deutschen Bundesbank müssen wir uns kurz näher beschäftigen, denn das in nahezu allen Diskussionen um die neue Euro-Währung ausgedrückte Unbehagen kreist weniger um die Einführung neuen Geldes, sondern im Kern um die Abschaffung einer Institution, die den Wert der alten D-Mark eifersüchtiger gehütet hat als mancher Ölscheich seinen Harem. Insbesondere die Geldmengensteuerung schien den Bundesbankern ein probates Mittel zur Werterhaltung der D-Mark zu sein. Und erstaunlich ist, daß diese Politik des knappen Geldes letztlich stets das Wohlgefallen des überwiegenden Teils der Bundesbürger gefunden hat, auch wenn sie - weil indirekt betroffen - häufig gemurrt haben.

Dazu müssen wir wissen: Geld kann sich von selbst vermehren. Das liegt an einem wundersamen Prozeß, der **Geldschöpfung** genannt wird. Wenn niemand außpaßt, quillt das Geld aus allen Ritzen der Geldsspeicher von Banken und Sparkassen! Die Banken haben nämlich eine Lizenz zum Zaubern: Sie können das

Geld verdoppeln, verdreifachen, verfünffachen, indem sie „Geld schöpfen"! Im Prinzip funktioniert die Magie der Geldschöpfung so: Sie haben beispielsweise Ihrer Bank 10.000 Mark anvertraut. Das Geld liegt sicher auf Ihrem Konto - deswegen (und wegen der Zinsen, die uns aber im Moment nicht interessieren) haben Sie es ja schließlich zur Bank getragen.Die Bankiers wissen aus Erfahrung, daß die Vielzahl ihrer Kunden das Geld nie auf einen Schlag wieder abheben. Mit dieser optimistischen Einstellung verleihen sie das Geld (gegen Zinsen) an Kreditnehmehrer - schließlich ist das der Geschäftszweck einer Bank.

Ihr Geld existiert nach wie vor in voller Höhe auf Ihrem Konto als Buchwert oder **Buchgeld**. Aber insgeheim haben die Bankiers, sagen wir einmal, 8.000 Mark davon ganz legal „weggenommen"" und weiterverliehen. Damit hat sich die Geldmenge, die ursprünglich 10.000 Mark betrug, auf 18.000 Mark ausgedehnt. Kapiert? Jetzt sind 8.000 zusätzliche Märker im Umlauf! Warum man diesen Vorgang Geldschöpfung nennt, ist offensichtlich. Der Kreislauf muß übrigens keineswegs zuende sein: Wahrscheinlich landen die 8.000 Mark des Kreditnehmers inzwischen bei einer anderen Bank. Unter Berücksichtigung der Bar- und Mindestreserven kann diese Bank nun rund 6000 Mark weiterverleihen. Damit wären aus den ursprünglichen 10.000 Mark nun schon weitere 14.000 Mark neu entstanden, geschöpft. Und so weiter. Theoretisch ließe sich die Geldmenge auch verfünffachen. In der Praxis nutzen die Banken diesen Spielraum aus verschiedensten Gründen nicht aus. Immerhin: Es handelt sich hier um eine der wundersamsten Einrichtungen des Kapitalismus: Aus Geld wird zusätzliches Geld! Und im Grunde spielt sich der ganze Vorgang nur auf dem Papier, beispielsweise auf den Kontoauszügen, ab!

Und was ist mit Ihren 10.000 Mark, die Sie eingezahlt haben? Keine Angst, die Bank hat immer genug Geld in der Kasse, um Sie zu befriedigen, wenn Sie Ihr Geld heute oder morgen zurückhaben wollen! Die Bank unterhält für diesen Zweck eine bestimmte

Bargeldreserve. Aber was viel wichtiger ist: Unter anderem schreibt die Bundesbank allen Banken und Sparkassen genau vor, in welcher Höhe diese bei der Bundesbank eine sogenannte Mindestreserve unterhalten müssen. Ein bestimmter Teil der Kundeneinlagen muß also stets an die Bundesbank abgetreten werden. Dafür erhält die Bank von der Bundesbank übrigens keine Zinsen.

Je höher dieser Prozentsatz der Mindestreserven gerade ist, um so weniger Geld können die Banken verleihen. Dann lesen Sie in der Zeitung: Bundesbank macht das Geld knapp. Die Bundesbank hat überdies noch einige weitere Instrumente, um den Geldkreislauf steuern, auf die im Umlauf befindliche Geldmenge einwirken, die Geldschöpfung zu beeinflussen. Davon später.

Wir sind wieder beim **Geldwert**, nachdem wir erfahren haben, daß die Geldvermehrung im Zusammenhang mit Krediten steht. Je mehr Kredite ausgegeben werden, umso mehr erhöht sich die Geldmenge. Die Wirtschaft muß nun als Gegenwert schnellstens Güter und Dienstleistungen bereitstellen! Was ist aber, wenn der Staat gewaltige Kredite aufnimmt - etwa, um den Aufbau in den neuen Bundesländern zu finanzieren, also um dort zu investieren?

Vordergründig geht es häufig nur um die Frage: Wie hoch ist die Zinsbelastung, wie kann sie finanziert werden? Tatsächlich aber geht es hier um Inflationswirkungen, hervorgerufen durch die Geldschöpfung. Vielen Politikern ist bei ihren Investitionsentscheidungen (der Bereitstellung von Großkrediten) scheinbar nicht klar, daß Güter und Dienstleistungen, die erst *morgen* erbracht werden können, nicht den Geldwert von *heute* decken!

Dazu ein Beispiel: Unternehmer Meyer beschafft sich eine neue Wurstmaschine per Kredit. In kurzer Zeit ist sie montiert, die Würste kommen auf den Markt - der normale Lauf der Dinge. Der neugeschöpften Geldmenge steht eine erweiterte Produktmenge gegenüber. Alles paletti. Nun nimmt ein Energieversorgungsunternehmen einen Kredit auf, um Kraftwerke zu modernisieren und neue Versorgungsleitungen zu installieren. Ein Vorhaben, das Jahre dauert, bis die wirtschaftliche Gegenleistung in Form von Energie endlich fließen kann. Der größte Teil der Investitionsgelder auf Pump strömt aber unterdes als Löhne in die Wirtschaft, wird von den Arbeitnehmern ausgegeben für Autos, Wohnungen, Konsumgüter aller Art. Einer ausgeweiteten Geldmenge steht immer noch das gleiche Warenangebot gegenüber. Die Preise steigen, der Geldwert ist gesunken! Im Einzelfall wäre das eine kleine Störung im System. Im großen Maßstab hingegen wäre die Inflationswirkung beträchtlich. Deshalb wird der Staat immer abwägen müssen, in welchem Ausmaß er bereit ist, eine Geldverschlechterung hinzunehmen, um auf der anderen Seite das Wachstum durch Bereitstellung von Großkrediten zu sichern. Es soll Politiker geben, die diesen Sachverhalt nicht kennen.

Inflation - ein häßliches Wort

Über das richtige Maß streiten sich dann die Wirtschaftsgelehrten und die Politiker. Die Gebote **Wachstum** und **Vollbeschäftigung** sind für Politiker extrem wichtig, denn sie möchten gern wiedergewählt werden. Die Bundesbanker, die in der Regel einen Job auf Lebenszeit haben, möchten vor allem die **Geldwertstabilität** erhalten. Bis heute hat aber niemand diese drei Ziele unter einen Hut bringen können. Der Bundesbank freilich wurde stets nachgesagt, die Geldwertstabilität über alles zu stellen, auch wenn die jeweiligen Politiker etwas anderes wollten. Aus der Amtszeit des Bundeskanzlers Helmut Schmidt stammt sein bekannter, an die Adresse der Bundesbank gerichteter Spruch: „Fünf Prozent Inflation sind mir lieber als fünf Prozent Arbeitslose!" Das waren noch "glückliche" Zeiten!

Mit "sanfter Inflation" muß man also das Ziel bezahlen, möglichst vielen Menschen Arbeitsplätze zu schaffen bzw. zu sichern. Von daher können Sie getrost annehmen, daß der Geldwert Ihres Hundertmark-Scheines in der Zukunft eher abnehmen als gleichbleiben wird. Aber Sie als Verbraucher interessieren in Wahrheit keine volkswirtschaftlichen Theorien, sondern eigentlich ganz etwas anderes: Die **Kaufkraft** Ihres Geldes. Hier kann man die Inflation direkt messen. Das geht so: Ein paar versierte Statistiker gehen auf Einkaufstour. Sie kaufen einmal im Monat groß ein: Brot und Schuhe, Obst und einen Taschenrechner, Fleisch, Butter und andere Nahrungsmittel ebenso wie Zahnpasta, vielleicht einen Kochtopf oder die Zündkerzen für's Auto. Ein riesiger, imaginärer Warenkorb wird gefüllt - mit all den Dingen, die man so für's Leben braucht. Und obendrein besuchen die Statistiker auch noch einen Friseur und den einen oder anderen Dienstleister.

Nun wird zusammengerechnet. Im Vergleich zum Vormonat ergibt sich ein Wert: Der Preis für den gesamten Warenkorb ist entweder gefallen, gleichgeblieben oder gestiegen. Meist hat er freilich eine leicht steigende Tendenz. In Prozent umgerechnet, haben Sie dann die **Inflationsrate** und wissen jetzt, wie sie errechnet wird. Das Wort Inflation weckt unangenehme Assoziationen. Deshalb sollten Sie den Beteiligten nachsehen, daß sie ihr Tun lieber schamvoll als „Ermittlung des Lebenshaltungskosten-Indexes" bezeichnen. Im Grunde müßten die Preise für alle Güter und Dienstleistungen ermittelt werden. Da das in der Praxis nicht geht, wird auf den repräsentativen Querschnitt, eben den Warenkorb, zurückgegriffen.

Das Verfahren macht dennoch Sinn: Elektronische Geräte fallen häufig im Preis, dank der Automation in der Fertigung. Tomaten können teurer werden - irgenwo war eine Mißernte. Und der Frisör wird teurer, entweder weil dieser sich neuerdings „Coiffeur" nennt und sein neues Firmenschild bezahlen muß oder die Gewerkschaft gerade Lohnerhöhungen für die Angestellten durchgesetzt hat. Alles zusammengenommen und im Durchschnitt ermittelt, relativiert die einzelnen Preissprünge. Der wichtige Punkt ist lediglich:

Inflationsrate: Eine kuriose Meßlatte

Niemand hört das Wort Inflation gern, schon gar nicht die Politiker. Also heißt es wissenschaftlich-neutral "Lebenshaltungskosten-Index".

Wie wird die Inflationsrate ermittelt? In einem fiktiven Warenkorb befinden sich 750 verschiedene Güter und Dienstleistungen, deren Marktpreise ständig neu ermittelt werden. Apfelsaft und Kaffee gehören ebenso dazu wie Herrenschuhe und Pralinen. Aber auch Heizöl und der Trauring. Und da kommt man ins Grübeln: Wie oft braucht man einen Trauring im Leben? Etwa monatlich? Sicher würde es die meisten unberührt lassen, wenn die Inflation bei Trauringen 100 Prozent beträgt. Wenn die Salami hingegen monatlich um nur 5 Prozent zulegt, sind wir sauer, weil wir es direkt in unserem Geldbeutel merken, wenn wir alle zwei Tage die Wurst kaufen. Wie oft kaufen wir Schneeketten oder ein Computer-Keyboard? Kaufen wir uns monatlich eine HiFi-Anlage? Oder gar einen Sarg? Irgendwo hört der Spaß einmal auf!

Die Statistiker behaupten, alles würde sich irgendwie ausgleichen, und ein System zur Inflationsraten-Ermittlung mit Schwächen sei besser als gar keins. Der Trauring ist übrigens von 1974 bis 1994 von 18,31 auf 67,80 Mark gestiegen, pro Gramm, versteht sich. Wie viel wohl die Salami gestiegen ist, ebenfalls pro Gramm? Oder die vielfältigen Amtsgebühren, pro Stempel? Auf vielfältige Weise merkt jeder, daß viele Dinge immer teurer werden. Offiziell liegt die Inflationsrate zwar seit längerem so um die zwei Prozent oder darunter, aber es scheint für den einzelnen Bürger eine ganz persönliche Inflationsrate zu geben, und die liegt wesentlich höher.

Welche Waren lege ich in meinen Korb für die Ermitllung der Inflationsrate? Waren des täglichen Bedarfs, sicher - aber welche? Regierungen sind manchmal in Versuchung, dem Statistischen Bundesamt nahezulegen, den Warenkorb einfach neu zu definieren, d.h. andere Artikel auszusuchen, um dann eine niedrigere Inflationsrate herauszurechnen. Geldwertstabilität - das macht sich immer gut. Daher sagt das Bundesamt jedem, der es gern hören will: "Wir sind unabhängig von der Politik!"

Als Verbraucher merken Sie dennoch, was und wie schnell alles teurer wird: Das Benzin und die Fahrkarte im Öffentlichen Nahverkehr, die Salami im Feinkostgeschäft und der Besuch im Fitness-Center, gelegentlich auch die Post- oder Fernsehgebühren und die Theaterkarte. Und so weiter. Behördengebühren scheinen nicht im Warenkorb zu liegen, sie explodieren meist auf eine Weise, die anderswo als Wucher strafrechtlich verfolgt würde. Die Inflation lauert überall und nagt unaufhörlich an Ihrem Hundertmark-Schein, auch wenn es offiziell nur geringe Prozentpunkte sind, wie in letzter Zeit.

Aber kehren wir zur Rolle der Bundesbank zurück. Dieser "Oberbuchhalter" der Nation beschäftigt sich also mit der Sicherung der **Stabilität der Währung**. Und diese Aufgabe nimmt sie so ernst, daß ihr nicht einmal die Regierung reinreden darf.

Ob Wahrheit oder Legende: Dahinter steht die Überlegung, daß es Währung und Wirtschaft nicht gut bekommen würde, wenn jede neugewählte Bundesregierung, kaum im Amt, der Bundesbank andere Weisungen in ihrem Sinne erteilen würde. Insofern konnte man die Bundesbank durchaus als ein Gegengewicht der Wirtschaft gegenüber der Politik ansehen. Sie bremste die Politiker, wenn diese mit ihren Versprechen an die geneigten Wähler zu vollmundig wurden. Bei der Bundesbank sprechen Zahlen und Daten die Sprache der Realität, bei den Politikern herrschen mitunter Wünsche und Träume vor. Und so vollzieht sich der gegenseitige Umgang in (gesetzlich) geregelten Bahnen: Die Bundesbank **muß** die Regierung in wichtigen währungspolitischen Vorgängen beraten - und die Politiker sind ebenfalls **verpflichtet**, bei wichtigen Entscheidungen bei der Bundesbank um Rat anzuklopfen. Eine gegenseitige Konsultationspflicht. Die Herrschaften dürfen auch dann nicht mit den Türen knallen, wenn es einmal Ärger gibt. Und das kommt schon gelegentlich vor. Mitglieder der Bundesregierung besitzen das Recht, an den Sitzungen des Zentralbankrates teilzunehmen. Da erfahren sie manchmal bittere Wahrheiten über das Befinden der Wirtschaft und sind dann manchmal so deprimiert, daß sie glatt vergessen, auch ihre Wähler zu informieren. Ein Stimmrecht haben die Abgesandten dort aber nicht - der Herr Bundesbankpräsident einigt sich mit seinem Direktorium und verkündet dann seine Entschlüsse, Einsichten und manchmal auch Warnungen. Für alles das gilt freilich: Es war einmal.

Vorgekommen ist das unter anderem bei der DM-Umstellung in der alten DDR. Bundesbank-Chef Otto Pöhl ließ verlauten, er halte den von den Politikern vorgeschlagenen Umtauschkurs von 2:1 aus Sicht eines Währungshüters für geradezu grotesk und abenteuerlich. Genutzt hat die Warnung freilich nicht. Was damals wirklich gelaufen ist, werden spätere Chronisten aufarbeiten müssen. Ziemlich sicher ist, daß sowohl der amtierende Bundesbankpräsident wie auch die Bundesregierung sich dem Druck des Volkes beugen mußten - ein angepeilter Umtauschkurs von etwa 4:1 war politisch einfach ebensowenig durchsetzbar wie es ein „realistischer" Kurs von 12:1 oder gar 20:1 gewesen wäre. Auf jeden Fall war der Konfliktfall da: Widerwillig grummelnd, weil gegen bessere Einsicht, machte Pöhl die Währungsposse mit. Glücklich war er wohl nicht über die Rolle, die die Bundesbank dabei spielen mußte. Wenig später reichte er seinen Abschied ein, wobei er es taktvoll vermied, die Gründe hierfür zu spezifizieren. Nicht immer geht es bei der Bundesbank so spannend zu. Das Tagesgeschäft wird allein von trockenen Zahlen bestimmt. Das Institut ist vor allem ein gigantischer Nachrichtensammler. Zahlen, Daten,

Statistiken aus allen Bereichen der Wirtschaft laufen hier ein, werden zusammengestellt und ausgewertet. Die Bundesbank ist sozusagen der oberste Buchhalter der Nation. Wer wissen will, wie es um den Zustand der deutschen Wirtschaft bestellt ist, muß nicht nach Frankfurt zum Sitz der Bundesbank fahren. Monatlich veröffentlicht das Institut einen umfangreichen Bericht, bezieht zu aktuellen Vorgängen Stellung und teilt vor allem tausende von Zahlen mit. Da läßt sich die Verschuldung des Bundes ebenso ablesen wie die Entwicklung des Vermögens der Rentenversicherung, die Steuereinnahmen ebenso wie die Geldmittel der Versicherungsunternehmen. Die Entwicklung auf den Kapitalmärkten ebenso wie der Absatz von Wertpapieren. Auch weiß die Bundesbank genau darüber Bescheid, wieviel Gelder auf Sparkonten liegen oder in welcher Höhe Kredite aufgenommen wurden.

Wer die Statistiken in den „Monatsberichten der Deutschen Bundesbank" liest, hat leicht den Eindruck, hier werde auch noch der letzte Pfennig einer Frittenbude in Görlitz am Rande des Deutschen Reiches erfaßt. Praktisch ist es eine Art **Monatsbilanz** der Volkswirtschaft, in der natürlich vor allem die Daten sämtlicher Banken und Sparkassen der Bundesrepublik eingeflossen sind. Denn die Geldinstitute sind „Kunden" der Bundesbank. Sie werden ja nicht nur hin und wieder mit den frischgedruckten Geldscheinen von der Bundesbank beliefert, sondern vor allem mit Buchgeld - Geld, das nur auf Kontoauszügen existiert.

Andere „Kunden" der Bundesbank sind der Bund, die Länder und viele öffentliche Verwaltungen, die verpflichtet sind, ihre liquiden Mittel bei der Bundesbank auf Girokonten anzulegen. Wie jedes Geldinstitut ist auch die Bundesbank nicht abgeneigt, Gewinne zu machen. Spektakuläre Millionen-Gewinne treten manchmal ein, wenn ausländische Währungen verkauft werden. Aber das ergibt sich quasi nebenbei. Der eigentliche Geschäftszweck der Bundesbank liegt in der Verantwortung für die **Kaufkraft-Stabilität** der D-Mark. Die Mittel, die der Bundesbank bei der Durchsetzung ihrer Politik zur Verfügung stehen, reichen von der sanften Überredung bis zum Schwingen des dicken Knüppels.

Wie die Bundesbank die Wirtschaft lenkt

Zur sanften Form der Wirtschaftslenkung zählen die **Verlautbarungen** der Bundesbank. Beispielsweise kann der Bundesbankpräsident öffentlich vor inflationären Tendenzen warnen (zuviel Geld im Umlauf) und private wie öffentliche Haushalte zur finanziellen Mäßigung aufrufen. Die Erfahrungen der letzten Jahrzehnte haben gezeigt, daß dieses Mittel so gut wie wirkungslos ist. Also wird der Knüppel aus dem Sack geholt:

Da ist die sogenannte **Diskontpolitik**. Wie schon erwähnt, müssen sich die Kreditinstitute bei der Bundesbank mit Geld versorgen (wo sonst, es gibt ja keine andere Bezugsquelle), sie nehmen also dort praktisch einen Kredit auf, üblicherweise per Wechsel, die die Bundesbank ankauft und dafür einen Zins (den Diskont) verlangt. Ohne hier auf weitere technische Einzelheiten einzugehen läßt sich sagen: Erhöht die Bundesbank den Diskontsatz, werden alle **Kredite teurer**. Denn Ihre Bank vor Ort reicht selbstverständlich die gestiegenen Kosten der Geldbeschaffung an Sie, den Kunden weiter. Wenn aber Kredite teurer werden, sinkt die allgemeine Bereitschaft, Geld aufzunehmen. Die Nachfrage nach Konsum- und Investitionsgütern verringert sich - auf die Preise wird Druck ausgeübt. Sie verzichten vielleicht auf den Bau eines Hauses, der Unternehmer stellt die Finanzierung von Investitionen zunächst zurück. Jede Diskonterhöhung wirkt also auf längere Sicht als **Inflationsbremse**.

Die Bundesbank verhält sich dabei nach Möglichkeit wie ein vorsichtiger Autofahrer. Sie versucht, in möglichst gleichmäßigem Tempo vorwärtszukommen. Tritt der Bundesbankpräsident zu stark auf die Bremse (Erhöhung des Diskontsatzes), wird die Währung wieder stabil - aber die sinkende Nachfrage nach Gütern und

Dienstleistungen bringt Arbeitsplätze in der Produktion in Gefahr. Tritt er zu stark auf das Gaspedal (Senkung des Diskontsatzes), so wächst die Bereitschaft zur Kreditaufnahme und zum Ausgeben - inflationäre Tendenzen beginnen. In der Praxis setzt die Bundesbank das Instrument der Diskontpolitik keineswegs monatlich, sondern in größeren Zeitintervallen ein. Die Ankündigung der Veränderung des Diskontsatzes, die Sie stets in größerer Aufmachung in Ihrer Zeitung finden, ist daher jedesmal ein wirtschaftspolitisches Signal. Senkt die Bundesbank den Diskontsatz, will sie die erlahmte Wirtschaft wieder ankurbeln. Erhöht sie ihn, will sie "Konjunktur-Überhitzungen" abkühlen.

Ein weiteres Instrument der Bundesbank ist die **Mindestreserven-Politik.** Die Bundesbank kann von ihren „Kunden", den Kreditinstituten, verlangen, daß diese einen bestimmten Prozentsatz ihrer Kunden-Guthaben (Girokonten, Termineinlagen, Spareinlagen) als zinsloses Guthaben bei ihr deponieren. Das ist die Mindestreserve. Je höher dieser Prozentsatz, desto **weniger Geld** kann Ihre Bank vor Ort an ihre Kunden ausleihen. Entsprechend geht der Vorgang der Geldschöpfung zurück. Senkt die Bundesbank den Anteil der Mindestreserven, hat Ihre Bank wieder mehr Geld für Geschäfte zur Verfügung, die Bereitschaft zur Geldschöpfung wächst. Mit der Mindestreservenpolitik kann die Bundesbank also mittelbar den Buchgeldumlauf regulieren.

Und schließlich ist da noch das Instrument der **Offenmarkt-Politik:** Die Bundesbank kauft oder verkauft auf dem offenen Markt (z.B. der Börse) bestimmte Wertpapiere, meist festverzinsliche Staatspapiere. Ist der Geldmarkt sehr liquide, verkauft die Bundesbank. Den Kreditinstituten macht die Bundesbank den Ankauf durch niedrigen Kaufpreis bzw. hohe Verzinsung schmackhaft. Somit verringert sich die Liquidität der Geschäftsbanken und damit ihre Fähigkeit zur Buchgeldschöpfung. Die umlaufende Geldmenge wird verringert. Kauft die Bundesbank hingegen solche Papiere an, wird der Geldumlauf erhöht, denn den Banken fließen

Das magische Viereck der Zielkonflikte

Das Stabilitätsgesetz von 1967 verpflichtete Bund und Länder, bei allen Maßnahmen vier grundlegende Ziele gleichzeitig zu verfolgen. Man spricht vom „magischen Vlereck":

Stabilität des Preisniveaus
Eine wachsende Wirtschaft neigt leicht zur Inflation. Das Preisniveau sollte nicht um mehr als zwei Prozent jährlich steigen.

Vollbeschäftigung
Jede Volkswirtschaft hat Arbeitslose. Ist die Arbeitslosenquote nicht höher als zwei Prozent, spricht man von Vollbeschäftigung.

Außenwirtschaftliches Gleichgewicht
Höhere Exportnachfrage aus dem Ausland läßt die Preise steigen, führt zur Inflation. Drücken zu billige Importe auf den heimischen Markt, kann Arbeitslosigkeit entstehen. Import und Export (die sogenannte Leistungsbilanz) sollen daher ausgeglichen sein.

Angemessenes Wirtschaftswachstum
Nur eine steigende Produktion kann die Bedürfnisse befriedigen und den Wohlstand mehren. Ein jährliches Wachstum des Bruttosozialproduktes von drei bis vier Prozent gilt als angemessen.

Der eingebaute Konflikt:
Wird ein Ziel zu intensiv angestrebt, wird mindestens ein anderes behindert. Beispiel: Beim Versuch, die Preise zu dämpfen, geraten die Ziele Vollbeschäftigung und Wachstum in Gefahr.

jetzt Gelder zur weiteren Kreditvergabe zu. Das Kreditangebot wird größer, die Zinssätze erniedrigen sich. Die Offenmarktpolitik führt schneller und wirksamer als die Diskontpolitik zu gewünschten Resultaten - deshalb ist es ein häufig genutztes Instrument der Bundesbank. In der Praxis ergänzen sich die drei Maßnahmen: Mit der Diskontpolitik wird, wie gesehen, der Preis des Geldes bestimmt; mit der Mindestreservenpolitik die Menge des Geldes; und mit der Offenmarktpolitik vollzieht die Bundesbank sozusagen die **„Feinabstimmung"**. Beabsichtigte die Regierung eine größere Maßnahme, um die Konjunktur zu steuern, würde der jeweilige Bundeskanzler sicherlich mit dem jeweiligen Chef der Bundesbank sprechen. Dieser würde zustimmen oder heftig abraten. Käme es zu einer Konfrontation, würde er sagen: „Wir machen das nicht mit!" und sich auf die verfassungsrechtliche Unabhängigkeit seiner Institution berufen. Diese Position der Unabhängigkeit der Bundesbank von den Launen der Politik ist geradezu zu einem Mythos geworden, der mit dem Erfolg der D-Mark eng verknüpft ist. Karl Schiller, Theo Waigel und Oscar Lafontaine haben, jeder für sich, diesbezüglich entsprechende Erfahrungen gemacht.

Wir kennen abschreckende, gegenteilige Beispiele: Wenn der Machthaber einer Bananenrepublik oder, weil naheliegender, einer ehemaligen kommunistischen Großmacht Geld benötigt, dann ruft er schon einmal seinen Zentralbankchef an und bellt durchs Telefon: "Du mußt sofort Geld drucken, aber nicht zu knapp! Die Bergleute stehen vor meiner Tür und wollen bezahlt werden, sonst gibt es Streik, und vorher hauen die mir hier alles kaputt!" Weigert sich der Zentralbankchef, kann er sich gleich einen neuen Job suchen. Das Resultat solcher Vorgänge ist eine "weiche" Währung: Geld, dessen Wert von innen ausgehöhlt wird. Geld, das nur im Inland benutzt werden kann, das im Ausland niemand haben möchte oder wenn, dann nur mit hohen Abschlägen. Den Machthabern bleibt dann nur, von einem "Schwindelkurs" zu reden, aber das hilft weder ihnen noch ihren Untertanen. Wenn der

Internationale Währungsfonds dann eine marode Währung mit Krediten ("richtigem" Geld) sanieren muß, fahren die Abgesandten in aller Regel zuerst zur Notenpresse und legen die Maschinen still. Das tut dann der Bevölkerung oft so weh, daß es zu Unruhen und Aufruhr kommt, wie beispielsweise in Südostasien.

Die Institution Bundesbank galt stets als Vorbild für verschiedene Länder, in denen die Unabhängigkeit der Zentralbank nur auf dem Papier stand oder gar nicht vorgesehen war. Denn Politik läßt sich nur mit Geld machen, und Ehrgeiz und Machterhaltungstrieb der Politiker sind zwar legitim, aber manchmal doch unangenehm. Angemerkt muß werden: Gänzlich unabhängig ist auch die Bundesbank nie gewesen, schließlich gibt es auch innerhalb der Machtelite eine gewisse "Gleichgelagertheit der Interessen". So kamen die Ernennungen der Bundesbanker stets aus dem "politischen Raum", sprich Parteien, Regierungen, nicht etwa aus Wirtschafts- oder Bankkreisen. Wer Bundesbankpräsident werden wollte, dem hat noch nie eine frühere Karriere als Staatssekretär in Bonn geschadet...

Alles das ist nun dahin! Die Bundesbank, beinahe so alt wie die D-Mark, konnte durch das Beispiel ihrer kontinuierlichen und damit verläßlichen jahrzehntelangen Tätigkeit das spezielle Vertrauen aufbauen, das die Bürger brauchen, um ein Stück bedrucktes Papier als "Geld" anzusehen. Nun verschwindet diese Institution samt der guten, alten D-Mark im Orkus der Geschichte! Mit der Einführung des Euro übernimmt eine neue Institution das Zepter für die Stabilität unserer Währung. Dieses Kontrollorgan heißt **Europäische Zentralbank** und soll - wie weiland die Bundesbank - völlig unabhängig schalten und walten können. Dort wird fortan über das Schicksal unseres Geldes entschieden. Von Menschen, denen wir zwangsläufig unser Vertrauen schenken müssen. Denn ohne Vertrauen, das haben wir hoffentlich eingesehen, wird auch unser neues Geld nicht viel wert sein! Aber leider ist die Welt, wenn es ums Geld geht, voller Mißtrauen!

Die neuen Währungshüter:

Euro-Control, bitte übernehmen Sie...

Was aus unserem Geld, der D-Mark, wird, ist klar: Wir erhalten neues Geld. Die Politiker schwören Stein und Bein, daß am Stichtag beim **Umtausch** in Euro keine Verluste auftreten. Sollen wir das für bare Münze nehmen? Auf jeden Fall ist das nur die eine Seite der Münze. Denn was ist mit den Tagen danach? Dann muß das neue Geld seine Stabiliät unter Beweis stellen! Das ist die andere Seite der Münze. Und hier regiert, ganz gleich, was Ihnen die Politik vormachen will, allein das Prinzip Hoffnung.

Daher müssen wir die Äußerungen der Politiker, die sich auf die Stabilität des neuen Geldes beziehen, eigentlich als **politisches Falschgeld** ansehen! Niemand weiß mit Sicherheit, wie das Abenteuer ausgehen wird, elf Volkswirtschaften mit höchst unterschiedlichen sozialen und ökonomischen Eckdaten unter den Hut einer gemeinsamen Währung zu bringen. Und: Niemand kann die Entwicklung der Wirtschaft längerfristig voraussehen. Daher grenzt es an Frechheit, wenn die Politik den Bundesbürgern weismachen will, der Euro werde so stabil wie die D-Mark sein. Aus den Medien erfahren wir auf verräterische Weise, was wirklich ist: Der alte Finanzminister **hat** bei jedem passenden Auftritt den Stabilitätspakt beschworen, der Bundesbankpräsident meldete verschiedentlich Vorbehalte an, aber **beschwörte** gleichzeitig die Stabilität des Euro. Und als sich zum offiziellen Start der Europäischen Zentralbank Mitte 1998 in Frankfurt sieben Regierungschefs sowie weitere 700 Vertreter von Wirtschaft und Politik zu einem "Festakt" versammelten, lautete die Unterzeile in vielen Zeitungen wieder einmal: "Spitzenpolitiker **beschwören** Euro-Stabilität." Noch nie ist das Wort "beschwören" über einen längeren Zeitraum so häufig in den Schlagzeilen der Medien gebraucht worden - stets im Zusammenhang mit der Zukunft des Euro.

Was wird da beschworen? Ein Sachverhalt, eine faktische Feststellung wie beispielsweise "gestern war Regenwetter"? Mitnichten! Beschworen wird eine Hoffnung, nämlich "morgen wird den ganzen Tag die Sonne scheinen". Ob es auch so kommt, bleibt völlig offen. Aber die Menschheit braucht offenbar diese Rituale, und wir haben keinen Grund, uns über die Medizinmänner oder Schamanen sogenannter primitiver Kulturen zu erheben. Das Prinzip, sich durch Beschwörungen gegenseitig Mut zuzusprechen, funktioniert auch heute noch bei uns ganz gut, auch wenn unsere Medizinmänner Nadelstreifenanzüge nebst Krawatten tragen und mit einem Handy sowie einer ansehnlichen Altersversorgung ausgestattet sind.

Eifrig "beschworen" wird denn auch die Unabhängigkeit der Institution, die fortan über die Stabilität des neuen Geldes wacht. Wer bis dahin nicht so recht an die Unabhängigkeit der neuen Europäischen Zentralbank (EZB) von der Politik glauben wollte, mußte sich durch den Verlauf der Ereignisse bestätigt fühlen: Hinter den Kulissen fand und findet ein massives Gerangel um Einflußnahme auf die zukünftige Geldpolitik statt. Der Start des Euro begann unter ominösen Vorzeichen: Da treffen sich die Staats- und Regierungschefs der Europäischen Union in Brüssel, um "Geschichte zu schreiben" und die Geburt der gemeinsamen Währung zu feiern - und dann bricht ein großer Streit über die Besetzung der Spitzenposition der EZB aus, der das Gipfeltreffen beinahe scheitern läßt. Am Ende, nach einem neunstündigen Verhandlungsmarathon ist man sich endlich um 0.44 Uhr einig über die Person des Zentralbankchefs: Der Niederländer **Wim Duisenberg**, von den europäischen Staaten mit Ausnahme Frankreichs favorisiert, erhält den Posten, nachdem er vorher vor 15 Staats- und Regierungschefs, 15 Außen- und 15 Finanzministern eine Erklärung verlesen muß, wonach er "mit Rücksicht auf sein Alter" die Amtszeit nicht voll absolvieren werde. Frankreich, das seinen Notenbankchef Jean-Claude Trichet mit aller Macht auf den Posten hieven wollte und sich damit in Gegensatz zu fast allen anderen europäischen Ländern setzte, bleibt zunächst zweiter Sieger.

Zur Ehre des Herrn Trichet muß indes gesagt werden, daß dieser keineswegs aus freien Stücken nach dem Posten verlangt hatte, sondern sich "der Staatsräson" gebeugt hatte - Staatspräsident Chirac wünschte die Kandidatur. Und das, obwohl sich Trichet in Frankreich mit einer auf Unabhängigkeit bedachten, strengen Geldpolitik nicht allzuviel Freunde gemacht hatte, wie das "Handelsblatt" bemerkte.

Der Euro - eine Verschwörung gegen die D-Mark?

Der Eklat von Brüssel ist angetan, die Verschwörungsthesen des angesehenen Wirtschaftspublizisten Bruno Bandulet zu bestätigen, die dieser schon 1993 in dem Buch "Das Maastricht-Dossier - Deutschland auf dem Weg in die dritte Währungsreform" dargelegt hatte: Danach war der Startschuß für den Euro, der im holländischen Maastricht erfolgte, keineswegs ein idealistischer Aufbruch zu neuen europäischen Ufern, sondern ein kalt kalkuliertes Manöver gegen die monetäre Vorherrschaft der Deutschen Bundesbank und gegen die Existenz einer eigenständigen deutschen Währung. Unversehens kommen wir so zum eigentlichen Kern der Diskussionen um den Euro: Nicht die Einführung einer neuen, einheitlichen Europa-Währung steht dabei im Vordergrund, sondern die Abschaffung der europäischen Vorherrschaft der Bundesbank bzw. der D-Mark-Währung.

Nach Bandulet soll sich diese teuflische Konspiration so zugetragen haben: Zu den Drahtziehern des Euros gehörte vor allem der Chef der EG-Behörde, Jacques Delor, der zusammen mit dem französischen Staatschef Francois Mitterand schon Ende der 80er Jahre "gegen die Bundesbank und die Mark konspirierte". Der Grund: In Europa hatte sich faktisch ein stillschweigendes Arrangement ergeben: Paris beherrschte die EG-Kommission und die europäische Außen- und Militärpolitik. Die Deutsche Bundesbank durfte den "Primus inter pares" unter den europäischen Notenbanken spielen, da das EWS (Europäisches Währungssystem) de facto durch die Professionalität und das Prestige der Bundesbank zu einem D-Mark-Block geworden war. Das aber war den Franzosen ein Dorn im Auge, die Festung Bundesbank mußte geschleift werden. Delors legte 1988 einen Drei-Stufenplan zur Währungsunion vor, und Kanzler Kohl, dem schwante, daß für die deutsche Einheit noch ein politischer Preis zu zahlen war, fing an, die Bundesbanker, mit denen er seit der Umtauschaktion Aluchips gegen D-Mark ohnehin Zoff hatte, nur noch spärlich zu informieren. Den Bankern hatte er versprochen, daß es ein deutsches Junktim geben werde: **Währungsunion** nur in Zusammenhang mit **politischer Union**.

Aber in Maastricht forderte Mitterand den politischen Preis ein. Mitterand, ein machiavellistischer (ein anderer Ausdruck für skrupelloser) Machtpolitiker par exellence, hatte während der Zwei-plus-Vier-Gespräche über die deutsche Einheit die französische Zustimmung offensichtlich von Kohls Zustimmung zur Europäischen Währungsunion abhängig gemacht. Kohl hatte zu allem genickt - in der trügerischen Hoffnung, alles würde ohnehin in den Mahlsänden der europäischen Bürokratie bis zum St. Nimmerleinstag steckenbleiben. Nun aber wurde der deutsche Kanzler plötzlich vor die Entscheidung gestellt. Am Vortag des Maastricht-Gipfels trafen sich Mitterand und der italienische Ministerpräsident Andreotti und verabredeten die Marschroute: Sie würden die strengen deutschen Vertragsbedingen akzeptieren (mit dem Hintergedanken sie im Laufe der Zeit aufzuweichen) und dafür die Verpflichtung der Deutschen einfordern, die D-Mark zu opfern und unwiderruflich mit der Währungsunion zu beginnen.

Ein Film, in dem wir alle mitspielen

Und so kam es auch. Kohls "absolute Unkenntnis währungspolitischer Zusammenhänge" (Bandulet) erleichterte seinen Entschluß, die D-Mark auf dem europäischen Altar zu opfern. Er knickte ein und zahlte den Preis. Ironie der Geschichte: Mitterand (inzwischen gestorben) kann die weitere Entwicklung zur Währungsunion nicht mehr verfolgen oder etwa dafür verantwortlich gemacht werden. Andreotti wurde 1993 angeklagt, als Ministerpräsident die Interessen der Mafia vertreten zu haben. Der Euro - von der Mafia mitinitiiert? Nichts ist unmöglich: Zwei Drittel der italienischen Staatsanleihen sollen der Mafia gehören. Von einer Umwandlung in eine "richtige" Währung könnte die Organisation nur profitieren.

Und Helmut Kohl? Seine Euro-Aktivitäten sind ein Fall für die Geschichtsbücher. Zu Beginn seines Wahlkampfes 1998 mußte er schmerzhaft erkennen, daß das Thema Euro sich entgegen anderer Planung überhaupt nicht mehr als Wahlkampfschlager für seine Partei benutzen ließ. Ein "Getriebener und Antreiber zugleich", wie Bandulet bemerkt. Soweit die Hintergründe, die Bandulet, ein Mensch mit exzellenten Kontakten zu Top-Bankern und Politikern, detailliert und überzeugend schildert - ein Polit-Thriller der Extraklasse. Eigentlich ein Stoff, der auf Verfilmung wartet. Andererseits könnte man fragen: Wozu? Der Film läuft ja bereits in unserer Gegenwart, und wir alle spielen mit, ob wir Krimis oder Abenteuerfilme mögen oder nicht.

Die Hüter des neuen Geldes

Sie sitzen in Frankfurt im 150 hohen Euro-Tower und sollen den Euro hüten und pflegen: Die Mitglieder des Direktoriums der Europäischen Zentralbank. Es sind sechs an der Zahl:

Wim Duisenberg, Präsident der EZB. Karriere: Internationaler Währungsfonds, Finanzminister in Holland, Chef der nierderländischen Zentralbank, Rabo-Bank, Präsident der Bank für Internationalen Finazausgleich BIZ. Er machte den Gulden wertstabil.

Christian Noyer, Vizepräsident der EZB. Gilt als hochqualifiziert, höflich, redegewandt - nur nicht als praxisnah. Der Franzose ist mit 48 der jünste EZB-Direktor.

Otmar Issing. Chefvolkswirt der Deutschen Bundesbank. Ein ausgefuchster Geldpolitiker und Verfechter einer strikten Geldmengenpolitik.

Sirkka Hämäläinen. Präsidentin der finnischen Notenbank. War kurzzeitig als Chefin der EZB im Gespräch, als Deutschland und Frankreich sich nicht auf Wim Duisenberg einigen konnten.

Tommaso Padoa-Schioppa. Ehemals Chef der italienischen Börsenaufsichtsbehörde. Er machte Italien für den Euro fit.

Eugenio Domingo Solans. Ein konservativer Banker aus Spanien mit untadeligem Ruf.

Wie der Film endet, weiß heute niemand, weil das Drehbuch irgendwann in der Gegenwart abbricht. Gedreht wird gegenwärtig die Einstellung "Die neuen Herren im Frankfurter Eurotower". In diesem Gebäude hat seit Januar 1999 die Europäische Zentralbank die Verantwortung über die einheitliche europäische Geldpolitik übernommen. Die Bundesbank, die 1997 noch schnell einen Rekordgewinn von 23,5 Milliarden D-Mark erzielte (zum großen Teil aus einer Höherbewertung der Dollar-Reserven auf Druck der Politiker) und davon sieben Milliarden Mark an den Finanzminister überwies, hat ausgespielt, wird zweitklassig.

Die Machtverhältnisse in der EZB

Wer sind die neuen Herren unseres Geldes? Da ist zunächst die Führungsspitze der EZB, ein sechsköpfiges **Direktorium**, ernannt von den Regierungen. Deutschland hat Otmar Issing, den früheren Chef-Volkswirt der Bundesbank, in das Gremium entsandt. Erkennbar ist: Nur zwei der sechs Direktoren kommen aus Hartwährungsländern (Deutschland, Holland). Die Mitglieder dieses Direktoriums sollen acht Jahre im Amt bleiben und danach ausscheiden. Auf diese Weise wollte man eventuellen politischen Pressionen vorbeugen. Nachdem aber nun heute schon bekannt ist, daß Chef Duisenberg selbst wegen einer in wenigen Jahren plötzlich auftretenden Altersschwäche zurücktreten soll, weiß jeder, was er davon zu halten hat: Es handelt sich um eine Veralberung der Menschen, die sich damit trösten können, daß sie sowieso keiner jemals gefragt hat, ob sie eine neue Währung möchten.

So ganz unabhängig darf dieses Direktorium auch nicht schalten und walten, wie es will. Denn die eigentliche Zuständigkeit für die Geldpolitik liegt bein **Rat** der EZB. Dem gehören neben dem Direktorium sämtliche Zentralbankchefs der an der Währungsunion teilnehmenden Länder an. Die Unabhängigkeit der EZB ist in den Maastrichter Verträgen festgeschrieben. Danach ist es den Mitgliedern des EZB-Rates untersagt, Weisungen von Politikern ent-

Europas Instanzen-Dschungel: Wer steuert Euroland?

Mit der Einführung des Euro hat sich der Wirrwar von Zuständigkeiten, Kompetenzen und Verantwortlichkeiten endgültig bis zur Unübersichtlichkeit gesteigert. Wer alles wirkt auf die neue Währung ein? Stellen wir uns einmal die übliche Sitzverteilung in einem Linienflugzeug vor:

Europäische Zentralbank EZB: Die Piloten. Sie bestimmen den Kurs, überwachen die Flughöhe, immer in Furcht vor Turbulenzen. Aus Sicherheitsgründen mit 7 Piloten besetzt.

Euro-Elferrat: Die neue Macht in Euroland. 11 Finanzminister aus den Staaten der Währungsunion. Sie sitzen direkt hinter den Piloten in der ersten Klasse, trinken Champagner und versuchen, die Piloten durch widersprüchliche Navigationshinweise zu verwirren: Höher! Tiefer! Schubumkehr!

ecofin-Rat: Die Wirtschafts- und Finanzminister der 15 EU-Staaten, unterstützt von den EU-Notenbankgouverneuren. Sitzen gleich hinter dem Euro-Elferrat in der Business Class, fühlen sich dennoch zurückgesetzt. Auch ein warmes Dinner kann über ihren Macht- und Prestigeverlust nicht hinweghelfen..

Wirtschafts- und Finanzausschuß: Beamte der Finanzministerien, Vertreter der Notenbanken, der Europäischen Kommission und der EZB füllen den Touristensektor des Fliegers. Ihre Tätigkeit: Pannen beseitigen, Antriebsaggregate am Laufen halten, Zucker aus den Treibstofftanks entfernen, den die beiden letztgenannten Gruppen immer wieder heimtückisch hineinschütten. Verpflegung: Belegtes Brötchen.

Europäisches Parlament: 626 Abgeordnete sitzen ganz hinten auf engen Holzssitzen - mehr ist bei Discount-Tickets einfach nicht drin. Haben überhaupt nichts zu melden, dürfen bestenfalls die Umfragebögen der Airline ausfüllen ("Sind Sie mit unserem Service zufrieden?"). Das Leuchtzeichen "Maul halten!" bleibt ständig eingeschaltet. Verpflegung: Keine.

gegenzunehmen. Ich rate übrigens dringend, keine Wetten darauf abzuschließen, daß diese Bestimmung auch eingehalten wird! Das gilt auch für andere Vereinbarungen, die auf dem Papier eindrucksvoll klingen und an die Bundesbank erinnern. Da wird als oberstes Ziel der künftigen europäischen Geldpolitik die Preisstabiliät vorgegeben. Und nach Möglichkeit soll sich die EZB dabei "marktmäßiger Mittel" bedienen. Also wird man sich voraussichtlich auf ein bestimmtes Inflationsziel einigen und mit Mitteln der Geldmengensteuerung versuchen, es einzuhalten. In der Tat hat der EZB-Rat bereits einen Entschluß gefaßt, wonach man sich am von der Bundesbank favorisierten Instrument der Mindestreserve orientieren will. Der Mindestreservesatz ist der Anteil an den Kundeneinlagen, den die Banken obligatorisch bei der Zentralbank "hinterlegen" müssen.

Wo aber nun liegt der Pferdefuß bei der Konstruktion der EZB? Denn so einfach geben Politiker doch nicht ihre Macht ab? Richtig, vorsorglich haben sie noch ein weiteres, sozusagen inoffizielles Gremium installiert, den "Elfer-Rat". Die Bonner Politiker machten sich für diesen Rat stark - mit einer Begründung, die wie Hohn klingt, betrachtet man den ganz und gar undemokratischen Start des Euro: Die Überwachung und Koordinierung der Wirtschaftspolitik der Euro-Mitglieder dürfe doch um Himmels willen nicht **einer demokratisch und völkerrechtlich nicht legitimierten** "europäischen Wirtschaftsregierung" übertragen werden.

Ja, das geht runter wie flüssige Butter! Die ganze Veranstaltung ist also dem Wesen nach undemokratisch, und deshalb müssen die Politiker, die schon die EG-Bürokratie auf eine undemokratische Schiene gesetzt haben, am Ende auch wieder am längeren Hebel sitzen, weil wenigstens sie durch Wahlen legitimiert sind. Eine solche windige Argumentation findet sich außer bei Politikern nur noch bei Juristen! Sei`s drum, der sogenannte Ecofin-Rat wird also das zentrale Gremium für die Koordinierung der Wirtschaftspolitik der einzelnen Währungsunion-Mitgliedstaaten sein.

Das macht zugegebenermaßen durchaus Sinn, nur die Begründung ist, wie gesagt, doch eine glatte Verhohnepiepelung. Schließlich sind alle Berufseuropäer in Brüssel, allen voran die oberste EG-Behörde, nicht demokratisch legitimert - mit Ausnahme des Europa-Parlamentes, das dafür nichts zu sagen hat.

Aber dieser Debattierclub, zum großen Teil mit abgehalfterten Politikern durchsetzt, tagt nicht in Brüssel, sondern in Straßburg und hat nicht die geringste realpolitische Entscheidungsgewalt, von der Beschlußfassung über eigene Diätenerhöhung einmal abgesehen. Im "Elfer-Rat" jedenfalls werden die Narren zukünftig in die Bütt gehen und lachen, weinen, drohen, zetern und streiten. Wenn oder falls sie sich einigen, fährt einer von ihnen nach Frankfurt und erklärt dem EZB-Direktorium, wo es langgehen soll. Ich bitte nachdrücklich um Verzeihung, aber manchmal fällt es schwer, nicht polemisch zu werden. Tatsache ist: Die Franzosen betrachten das Gremium als "Regulativ", als unabdingbare Voraussetzung für den Erfolg der Währungsunion, während die Deutschen nun soweit nicht gehen wollen. Streit in diesem Gremium ist vorprogrammiert, bestenfalls drei Mitglieder stammen aus Hartwährungsländern. Aber, so versichern alle, die Unabhängigkeit der EZB werde durch diesen "fruchtbaren Dialog" nicht berührt. Selbstverständlich steht es Ihnen jederzeit frei, dies zu glauben.Tatsache bleibt: Der EZB-Rat gilt als das **wirklich mächtige** Gremium, und in ihm stimmen zwölf "weiche" Stimmen gegen fünf "harte".

Die ersten Monate der Tätigkeit der EZB waren noch von dem irrationalen Prinzipien-Streit zwischen Deutschland und Frankreich um die politische Unabhängigkeit der Zentralbank gekennzeichnet. Die hatte verlauten lassen, die internen Gesprächsprotokolle geheim zu halten und nur dem Europa-Parlament Bericht zu erstatten, keineswegs aber den nationalen Parlamenten. Damit war eine Euro-Resolution der französischen Nationalversammlung abgeblitzt, die ein Anhörungsrecht gefordert hatte. Prompt warnten Zeitungen in Frankreich vor einer "Bunkermentalität" der EZB, deren Sitz in Frankfurt ein "Risiko für die öffentliche Meinung Frankreichs" berge. Die EZB wird voraussichtlich in den kommenden Jahren nicht nur damit beschäftigt sein, ihre jeweiligen Entscheidungen zu finden, sondern auch ihre bloße Existenz gegenüber politischer Einflußnahme zu verteidigen. Die Unabhängigkeit steht zwar auf dem Papier - wird aber offensichtlich höchst unterschiedlich interpretiert.

In der Öffentlichkeit mag durch das politische Gerangel zwischen Deutschland und Frankreich der Eindruck entstanden sein, daß die einst so mächtige Bundesbank abgeschafft ist und dafür eine neue Europäische Zentralbank von ähnlichem Kaliber fortan die Geschäfte führt. Betrachten wir aber einmal das voraussichtliche Tagesgeschäft, könnte sich auch ein gänzlich anderes Bild ergeben: **Das von einer europäischen Zentralbank, die wohl mit psychologischer, aber kaum mit praktischer Macht ausgestattet ist.** Und, was wirklich in höchstem Maße bedenklich ist: Dieser Bank steht es völlig frei, mit niedrigeren professionellen Standards zu arbeiten als die frühere Bundesbank. Das läßt sich begründen:

Sicher denken Sie (Modell Bundesbank im Hinterkopf), jeder Geldschein der neuen europäischen Währung werde in erster Linie von dieser Europäischen Zentralbank herausgegeben. Weit gefehlt! Ich möchte nicht über die Gründe spekulieren, warum in diesem Punkt so wenig Aufklärung getrieben wird. Tatsache aber bleibt: Die Euro-Noten werden weiterhin vor allem durch die **nationalen** Zentralbanken herausgegeben, also beispielsweise auch von der Bundesbank oder der italienischen oder französischen Zentralbank.

Diese Banken, das haben wir Anfangs des Kapitels (Geldschöpfung) gesehen, rücken neues Geld nur gegen Sicherheiten an die angeschlossenen Banken heraus. Und hier liegt der Hase im Pfeffer: Eine Währung ist hart, wenn die Zentralbank für die Herausgabe ihrer Geldscheine erstklassige Sicherheiten von den

Mitgliedsbanken verlangt. Die neue EZB aber läßt fünfe gerade sein, sie darf auch zweifelhafte Sicherheiten akzeptieren. Ihr Standard liegt damit **unter** dem einer normalen Geschäftsbank in Deutschland. Jedenfalls muß man das daraus schließen, daß das Europäische Währungs-institut, der Vorläufer der EZB, längst zwei solcher Sicherheiten "absteigender Güte" akzeptiert hat, worauf die Bremer Professoren Otto Steiger und Gunnar Heinsohn eindringlich hingewiesen haben.

Die Wirtschaftsgelehrten sagen: Schon die **Kategorie-1**-Sicherheiten bergen deutlich mehr Risiken als die von der Bundesbank für die Herausgabe von D-Mark verlangten Titel. Unter den **Kategorie-2**-Sicherheiten werden zudem ausdrücklich **nicht marktfähige** Titel zugelassen, die eine gute Zentralbank nie akzeptieren sollte. Das EWI hat diese Praxis damit begründet, daß in der Europäischen Währungsunion "unterschiedliche nationale Finanzstrukturen und Zentralbankgepflogenheiten" existieren. Ja, wie wahr!

Manche Zentralbanken machen halt, was sie wollen, weil sie (bzw. die jeweiligen Regierungspolitiker) eine laxere Auffassung von der Geldwertstabilität oder "übergeordnete Interessen" im Kopf haben. Auf die EZB bezogen, heißt dies im Klartext: Der Euro darf auch gegen **nicht marktfähige Schuldtitel der öffentlichen Hand** emittiert werden! In Italien, Spanien und Portugal wurden Geschäftsbanken sogar per Gesetz gezwungen, diese zweifelhaften Sicherheiten zu akzeptieren. Die Zentralbanken gaben dafür frisches Geld her. Diese Geldscheine werden fortan von Finnland bis Italien durch Europa geistern, und keiner weiß so genau, wo sie eigentlich herkommen bzw. welcher Wert dahintersteht. Wenn dem Geld kein echter Gegenwert gegenübersteht, wird es schleichend wertloser.

Dieser Vorgang verursacht keine unmittelbaren Schmerzen. Was aber anfangs nicht weh tut, wird solange ignoriert, bis die Krankheit mit Macht ausbricht.

Hinzu kommt, daß die Ausstattung der EZB ausschließlich aus Gold und Devisen besteht, sie ist also von vornherein auf Operationen in diesen Märkten beschränkt und kann kaum mit nennenswerter Durchschlagkraft intervenieren. Die EZB verfügt über ein Eigenkapital von gerade einmal 50 Milliarden Euros, gespendet von den nationalen Zentralbanken, die aber zu Marktpreisen bilanziert sind, bei der Bundesbank hingegen nach Anschaffungspreisen nur 33 Milliarden wert wären. Schlußfolgerung der beiden Professores: Noch gravierender sei der Ausschluß der EZB vom Geschäft am offenen Markt, auf den der Löwenanteil der Banknoten gegen Wertpapiere entfällt.

Mit der Schaffung von Euros gegen nicht marktfähige Sicherheiten könnten **nationale Notenbanken** also jeden auf Preisstabilität zielenden Zinsbeschluß des EZB-Rates aushebeln. Die EZB als Kontrollorgan wäre also, wenn sich die Weichwährungsländer in der Verfolgung ihrer nationalen Interessen zusammenschließen, schon aus diesen Gründen nichts anderes als ein **zahnloser Tiger!** Was mit einer früher "harten" Währung inmitten dieser "Euro-Weichspüler" passieren würde, können Sie, so hoffe ich, nach diesen Ausführungen besser verstehen.

Eine gefährliche Illusion liegt darin zu glauben, die Geldwertstabilität des Euro läge allein in der Hand der neuen europäischen Zentralbank. Ziehen die angeschlossenen Länder nicht an einem Strang, ist auch die Handlungsmacht der EZB eingeschränkt. Da ist zum einen der Dauerstreit zwischen Deutschland und Frankreich, hervorgerufen von zwei unterschiedlichen Stabilitätskulturen: Die Deutschen setzen auf Inflationsbekämpfung und weitgehendes Gewähren der Marktkräfte, die Franzosen haben den Interventionismus und die Steuerung der Wechselkurse verinnerlicht.

Und da sind zum anderen die anderen Mitgliedsländer, in denen es Bestrebungen geben könnte, aus Gründen der internationalen Exportwettbewerbsfähigkeit den Euro etwas aufzuweichen und so

Euro-Land und seine Wirtschaftskraft

Zum Euro-Club zählen (in Klammern: Bruttoinlandsprodukt 1997 in Mrd. Euro):

Belgien (214),
Deutschland (1854),
Finnland (107),
Frankreich (1229),
Irland (64),
Italien (1011),
Luxemburg (14),
Niederlande (320),
Österreich (182),
Portugal (86) und
Spanien (470).

Auf die elf Mitglieder des Euro-Clubs entfallen mit einem Außenhandelsvolumen von rund 1300 Milliarden Mark rund 18,6 Prozent des gesamten Welthandels. Zum Vergleich: USA 16,6 Prozent, Japan 8,2 Prozent. Ähnlich hoch ist der Anteil an der Produktion von Gütern und Dienstleistungen. Gemessen am Bruttoinlandprodukt liegt Euro-Land mit einem Anteil von 19,4 Prozent knapp hinter den USA (19,6 Prozent). Japan steuert 7,7 Prozent bei.

Gemessen an der Wirtschaftskraft ist Euro-Land der größte Währungsraum der Welt. In Euro-Land leben rund 290 Millionen Menschen, in den USA 268, in Japan 126 Millionen.

für mehr Beschäftigung zu sorgen. Es ist im Grunde der altbekannte Balanceakt, den auch schon die Bundesbank meistern mußte, und in dem sie einmal dem politischen Druck nachgegeben und die D-Mark abgewertet hat.

Hinzu kommt eine weitere Gefahr für die Stabilität des Euro. Die liegt im Wechselkurssystem EWSII, in das der Euro mit den Währungen der noch **nicht teilnehmenden** Ländern eingebunden wird (beispielsweise England, Dänemark, Griechenland). Die Währungen dieser sogenannten "outs" sollen möglichst eng an den Euro gebunden werden, was in der Praxis bedeutet, daß die EZB dann eine oder mehrere unter Druck geratene Währungen aufkaufen muß. Das aber führt zu vermehrtem Eurogeldumlauf, was bei länger anhaltenden Interventionen die Inflationsgefahr fördert.

Und dann sind da kurioserweiser auch noch die ehemaligen Kolonien und Stützpunkte von Frankreich, Portugal und Spanien, von den Azoren bis französisch Guayana. Allein 90 Millionen Menschen in 14 afrikanischen Staaten (sogenannte CFA-Zone) klinken sich auf Schleichwegen in die Währungsunion ein: Deren Währung war bislang an zu einem festen Kurs den Franc gekoppelt, was in der Praxis bedeutete: Paris bürgte für die Währung und glich das Handelsdefizit aus. Nun kommt der Euro durch die Hintertür auch in ferne Länder. Der Währungsexperte Wilhelm Hankel fürchtet: "Die CFA-Zone ist eine Gefahr für die Stabilität des Euro". Weitere Ausgleichszahlungen stehen bevor...

Wir halten fest: Sicher wird die EZB zumindest anfangs eine "harte" Linie der Geldpolitik fahren. Angesichts der ohnehin mißtrauischen und eurokritischen Öffentlichkeit wird man bemüht sein, demonstrativ auf Distanz zu den politischen Instanzen zu gehen und so die Glaubwürdigkeit einer Institution wieder herzustellen, die die Politiker mit ihrem an einen orientalischen Teppichbasar erinnernden Gefeilsche leichtfertig verspielt haben. Es kann durchaus auch eintreten, daß die Politiker sich ein, zwei Jahre mächtig

EWSII: Manche wollen rein, anderen gefällt es draußen vor der Tür

Das Europäische Währungssystem EWS war der Vorläufer des Euro, sozusagen die Vorstufe. Die Währungen der Länder waren durch festgelegte Wechselkurse mit geringen Schwankungsbreiten miteinander verbunden und bildeten die Europäische Währungseinheit ECU. Den muß man sich als "Korb" vorstellen, in dem die Währungen mit unterschiedlichen prozentualen Anteilen lagen: Die D-Mark mit 32 Prozent, der Französiche Franc mit 20,4 Prozent, das Britische Pfund mit 11,2 Prozent, der Holländische Gulden mit 10 Prozent usw.

Die Erfahrung: Nur bei gleichartiger Preisentwicklung in allen Ländern sowie bei harmonisierter Wirtschafts- und Finanzpolitik läßt sich ein System fester Wechselkurse aufrechterhalten. Diese Lektion erteilte der Devisenmarkt den Briten und Italienern. Als die Spekulation gegen Pfund und Lira so stark wurden, mußten die beiden Länder ihre Teilnahme am EWS "aussetzen".

Das EWSII soll nun alle Länder aufnehmen, die beim Euro-Club vor der Tür (z.B. Griechenland) bleiben mußten oder wollten (z.B. England, Dänemark). Ähnlich wie die D-Mark die "Ankerwährung" des EWS war, soll der Euro beim EWSII diese Rolle spielen. Die Briten haben sich schon bedankt und erklärt, daß sie auch beim EWSII draußen vor der Tür bleiben wollen.

zurückhalten und ordentliches Betragen an den Tag legen. Aber bei dem ersten größeren Zwischenfall dürften die Diskrepanzen offen zu Tage treten. Aus anderen Gebieten, beispielsweise der europäischen Außenpolitik, wissen wir, wie schwer sich die "Europäer" bei Krisen tun, zu einer gemeinsamen Linie zu finden - und wie lange das manchmal dauert.

Wie um dieses zu bestätigen, hat es einer schon versucht. Der neue Finanzminister Oscar Lafontaine und seine Frau forderten die Bundesbank über die Medien heraus, den Zinssatz zu senken. Zu diesem Zeitpunkt war die Bundesbank nur noch knapp zwei Monate im Geschäft, was Zinspolitik anbetrifft. Also kann man mit Fug und Recht annehmen, daß der Vorstoß in Wahrheit gegen die Europäische Zentralbank gerichtet war. Zumindestens wurde den europäischen Zentralbankern die Erwartungshaltung der neuen Bundesregierung ganz dick auf`s Kaviarbrötchen geschmiert.

Vor der Zukunft unseres neuen Geldes stehen also dicke Fragezeichen, was das Management der **Geldwertstabilität** anbetrifft. Der Abschied von der D-Mark und die Begrüßung des Euros beinhalten eben mehr als eine einfache Umrechnung von einer alten Währung in eine neue.

"Es wird alles umgerechnet, ansonsten ändert sich für Sie nichts". Wenn Sie diesen Satz hören, lassen Sie am besten Ihren Gesprächspartner stehen.

Die Erwartungen der Euro-Optimisten

Eine einmalige Chance?
"Der Euro ist die Antwort Europas auf die Herausforderungen des internationalen Wettbewerbs um Standorte, Arbeitsplätze und Wachstumschancen."
Hans-Peter Stihl, Präsident des Deutschen Industrie- und Handeltages

Nützt der Euro den Arbeitnehmern?
"Wäre der Euro nicht gekommen, wäre die Situation am Arbeitsmarkt sehr viel schlimmer geworden."
Wilfried Kuckelhorn, SPD-Europa-Abgeordneter

Wer gewinnt durch den Euro?
"Kleine Leute und Normalverdiener sind mittel- und langfristig die Gewinner des Euro."
Dr. Werner Langen, CDU-Europa-Abgeordneter

11 Volkswirtschaften unter einem Hut?
"Der Wechselkurs fällt als Korrektiv zum Ausgleich von Produktivitätsunterschieden weg. Eine nicht produktivitätsorienterte Lohnpolitik führt zu höherer Arbeitslosigkeit."
Dr. Hans Tietmeyer, Bundesbankpräsident

Wenn der Euro scheitert?
"Das wäre, um es kurz und bündig zu sagen, ein Rückfall in die 30er Jahr, also um sechs Jahrzehnte zurück."
Roman Herzog, Bundespräsident

Grenzenlose Illusionen:

Der Euro als Spaltpilz oder der Hammel mit fünf Beinen

Die Einführung des Euro steckt voller Widersprüchlichkeiten. So behauptet die Politik allen Ernstes, die Schaffung einer Währungsunion sei eine wirtschaftliche Notwendigkeit. Wirtschaftsexperten behaupten dagegen, die Währungsunion sei vorrangig politisch motiviert, die Wirtschaft käme auch prima ohne eine einheitliche Währung aus. Wer hat nun recht?

Dazu eine Geschichte aus der Gegenwart: 11 verschiedene Volkswirtschaften mit 11 verschiedenen Regierungssystemen beschliessen, eine Wohngemeinschaft aufzumachen. Die einen haben ein wenig mehr flüssige Mittel als die anderen, aber das haben WGs ja so an sich. Natürlich ist eine gemeinsame Kasse Ehrensache. Für die Minderbemittelten werden erst einmal anständige Kleidungsstücke angeschafft, die zerlumpten Klamotten und ausgetretenen Schuhe gehen an eine Kleiderspende für die Dritte Welt.

Wie es weitergeht, ist absehbar. Einige Mitglieder der Wohngemeinschaft leisten mehr als andere für den Zusammenhalt der WG, und einige, die entdeckt haben, daß man im Supermarkt auf Kosten der WG monatelang anschreiben lassen kann, tun daraufhin gar nichts mehr. Daraufhin kommt es zu Auseinandersetzungen und schließlich zum großen Krach. Resultat: Die 11 gehen wieder ihrer eigenen Wege. Eine Kassenabrechnung erübrigt sich, da ohnehin nichts mehr drin ist.

Bis hierhin ist eigentlich alles normal an der Geschichte. Was verblüfft ist der Umstand, daß diese fiktive Wohngemeinschaft nie in einem gemeinsamen Haus stattgefunden hat! Das hatte man zwar angedacht, aber alle Mitglieder der WG meinten, es ginge letztlich auch ohne.

Ich entschuldige mich übrigens in aller Form für die zugespitzten Gemeinheiten in diesem Märchen, insbesondere will ich keine anderen europäische Nationen herabsetzen. Mich bewegt lediglich die Frage: Kann man eine funktionierende Wohngemeinschaft mit Leuten aufziehen, die alle an unterschiedlichen Orten bei sich zu Hause wohnen? Wie soll das gehen? Um Antwort wird gebeten!

Eine Antwort auf die gleiche Frage sucht auch der Polit-Rentner Rainer Barzel. In seinem Buch "Von Bonn nach Berlin" fragt er:

"Zwar geht Deutschland nicht auf in der Europäischen Union, wohl aber die D-Mark in der europäischen Währung! Wie soll das gehen? Deutschland ein Staat ohne eigene Währung? Europa mit einer eigenen Währung, aber ohne Staat? Ein Hammel mit fünf Beinen ist konkreter vorstellbar!"

Eigenartigerweise hat Helmut Kohl, der die D-Mark am Ende als "Morgengabe an Europa" (Schlagzeile im Handelsblatt) hergegeben hat, durchaus erkannt, daß für eine Währungsunion möglicherweise eine wichtige Voraussetzung geschaffen werden müsse. Jedenfalls bezeugt der frühere EU-Kommissionspräsident Jaques

Delors, daß Kohl noch auf dem Gipfel 1988 in Hannover die politische Union und die Währungsunion ausdrücklich miteinander verknüpft habe. Bei den folgenden Verhandlungen, muß ihm dieses Junktim aber irgendwie abhanden gekommen sein.

Die offizielle Beruhigungsparole lautet nun: Selbstverständlich müsse man nach Einführung der Währungsunion auch die politische Union mit aller Kraft vorantreiben. Konkrete Schritte, Handlungen und Resultate auf europäischer Ebene dazu: Null. Wen wundert`s: Hat man das Perd statt am Kopf am Hinterteil aufgezäumt, muß man alle Anstrengungen darauf richten, im Sattel zu bleiben. Da bleibt keine Zeit zur Überlegung, wie denn nun das Pferd in eine bestimmte Richtung zu lenken sei.

Stattdessen wird die optimistische Überzeugung propagiert, wenn erstmal die Währungsunion vollzogen sei, sei der Weg zur politischen Einheit Europas ein bedeutendes Stück leichter und kürzer geworden. Über diese Argumentation schüttelt manch gelernter Historiker freilich den Kopf, denn ein Blick in die Geschichte der Währungsunionen ohne politischen Überbau rät eher zur Skepsis. Eine derartige Konstruktion, der "lateinische Münzbund" aus dem Jahre 1865, an dem sich Frankreich, Belgien, die Schweiz, Italien und Griechenland beteiligten, hielt nur kurze Zeit. Entgegen den Abmachungen hatten die Italiener heimlich und fleißig jede Menge Geld gedruckt...

Auch konnten Währungsunionen keineswegs Kriege verhindern: So kam es neun Jahre nach der "Wiener Währungsunion" zum Krieg zwischen Österreich und Deutschland (1866). Oder ein Beispiel aus jüngster Zeit: Der einheitliche Währungsraum des Dinar auf dem Balkan hat keineswegs vermocht, Jugoslawien, Bosnien und Kroatien von gegenseitiger Selbstzerfleischung abzuhalten.

In einem Beitrag über den Euro mokierte sich der "Spiegel" über Kohl: "Plötzlich, so will der deutsche Kanzler die um ihre Mark bangenden Deutschen glauben machen, hängt das Schicksal Europas an der Einführung der gemeinsamen Währung. Die Existenz des Euros entscheidet danach im nächsten Jahrtausend über Krieg und Frieden in Europa."

Diese Argumentation für den Euro ist in der Tat nur einsetzbar, wenn alle anderen Argumente, die für den Euro sprechen, verbraucht oder ad adsurdum geführt worden sind. Sie erinnert ferner fatal an bestimmte Situationen, die viele Einwohner eines inzwischen untergegangen Staates noch gut erinnern: "Du bist doch auch für den Frieden, Genosse. Na also, nun unterschreib schon hier...". Wenn einer mit der Euro-Friedenskeule daherkommt, sollte man schleunigst Reißaus nehmen!

Realistischer ist ohnehin die Annahme, der Euro könnte nicht nur binnen kurzem die Gemeinschaft der 11 teilnehmenden Staaten entzweien, sondern auch innerhalb und außerhalb der Europäischen Union für zusätzlichen Sprengstoff sorgen. England und Dänemark mochten der Währungsunion aus freien Stücken noch nicht beitreten. Aber Länder wie Griechenland hätten am liebsten die Tür aufgebrochen, um den Klub der "Habenichtse" hinter sich zu lassen. Denn in Wahrheit sorgt der Euro für eine gefährliche Aufteilung des Kontinents:

Da sind die 11 "ins", wie sie im Sprachgebrauch heißen, mit ihren Problemen. Mehr oder minder geschickt haben sie mit Mitteln der Statistik geschummelt, um die Eintrittskarte in den elitären Währungsklub zu ergattern. Nun müssen sie durch eine harte Stabilitätspolitik versuchen, die selbst formulierten Kriterien einzuhalten.

Da sind die "outs", die Europäer zweiter Klasse, wie schon die Bezeichnung EWSII (Europäisches Währungs-SystemII) aussagt, dem sie fortan angehören. Natürlich sind sie weiterhin Mitglieder der EU - aber doch mit dem "Makel" einer eigenen Währung behaftet. Freilich erhalten sie weiterhin Transferzahlungen, um mit den anderen mithalten zu können und eines Tages in den Klub der "ins" aufgenommen zu werden.

Und da ist der Klub der osteuropäischen Staaten, die unbedingt und mit einiger Berechtigung zumindest in die Europäische Union aufgenommen werden wollen. Stichwort: EU-Osterweiterung. In einem sicher nur vorübergehenden Anfall von Realitätssinn haben die bisherigen Europäer erkannt, daß die Finanzkraft der EU nicht ausreicht, die Volkswirtschaften dieser Länder mit den notwendigen Subventionen zu versorgen, damit eine Angleichung an den Europa-Standard erfolgen kann. Als besonders abschreckendes Beispiel wird Polen gehandelt, wo es mehr Landwirte als in der gesamten EU geben soll. Den Einwohnern dieser Länder ist das alles ziemlich egal, sie möchten endlich nach der langen Periode des Kommunismus das europäische Haus und einiges andere mit den bisherigen Insassen teilen.

Stattdessen, so befürchtete der Wirtschaftswissenschaftler und Währungsexperte Wilhelm Hankel schon 1995, werde sich vor den Toren von Europäischer Union und Europäischer Währungsunion eine **osteuropäische Dollarzone** etablieren. Der Universitätsprofessor aus Frankfurt: "Was bleibt den vom Kommunismus befreiten Mittel- und Osteuropäern denn übrig? Ihre Aufnahme in die EU verzögert sich, ihre Teilnahme an der Europäischen Währungsunion scheitert an deren Eintrittshürden, und die D-Mark, ihr bislang verläßlichster Währungsanker und -hafen, geht spurlos auf und unter im Euro. Man fragt sich, auf welche Logik und auf welchen Sachverstand überzeugte und erfahrene Europapolitker eigentlich setzen, wenn sie die **monetäre Spaltung Europas** zur Voraussetzung und Motorik seiner politischen Einigung und seiner verstärkten Geltung in Welt wie Weltwirtschaft erkären!"

Wir sehen also drei Parteien im oder am europäischen Haus, das eher einer Villa gleicht. Im Garten demonstrieren die Osteuropäer,

Fahrplan ins Nirwana
Originelles aus Broschüren

Alles ist inzwischen vollbracht, auf dem Kalender der Euro-Einführung steht nur noch ein einziger dicker Termin: Am 1. Januar 2002 werden die neuen Scheine und Münzen an den Bankschaltern ausgegeben. Der Euro ist dann alleiniges gesetzliches Zahlungsmittel. So jedenfalls steht es gleichlautend in vielen Broschüren, aber bitte nehmen Sie es nicht so wörtlich. Der 1. Januar ist nämlich in Deutschland grundsätzlich ein gesetzlicher Feiertag. Aber sicherlich hat eine Wechselstube am Bahnhof oder Flughafen geöffnet. Oder Sie besorgen sich rechtzeitig eine Kreditkarte. Ansonsten gilt: Vorher noch einmal richtig einkaufen, Konserven und Getränke. Und dann abwarten, bis die Banken wieder aufmachen.

Doch Gemach: Wie bei allem, was mit Bürokratie zu tun hat, gibt es auch für den Euro-Umtausch Übergangsregelungen. Sie sollen eine befristete Verwendung von D-Mark-Banknoten und Münzen bis zur Jahresmitte 2002 ermöglichen. Originalton einer Aufklärungsbroschüre: "Wer danach noch Bargeldbestände findet, braucht sich keine Sorgen zu machen. Der Umtausch wird auf lange Zeit möglich sein." Wo "findet" man Bargeld? Einige Möglichkeiten: Im Garten (vergrabenes Schwarzgeld), auf der Straße (jemand hat seine letzten D-Mark-Scheine achtlos weggeworfen) oder unter Brükken (Beute aus einem Postzug-Raub). Ihr freundlicher Banker wird es auf jeden Fall begrüßen, wenn Sie ihm eine halbwegs plausible Erklärung für das "Finden" einer größeren Menge Bargeldes auftischen können.

bollern an die Kellertür und rufen: "Aufmachen, wir wollen nicht länger im Regen stehen!". Unterstützt werden sie von einem Türken, der auch schon lange rein will. Im Parterre werden die "outs" nervös und rufen nach oben in die Bel-Etage: "Rückt zusammen, wir kommen!". Die "ins", ein durch und durch zerstrittener Haufen, sind sich ausnahmsweise einmal einig und lassen vorsichtshalber Sicherungsbolzen an den Türen anbringen - sicher ist sicher. Im baufälligen, völlig heruntergekommenen Nachbarhaus sitzen übrigens einige der ehemaligen GUS-Staaten, blicken auf die schöne Villa und stoßen Drohungen aus: "Warum haben die Heizung und warm Wasser und wir nicht? Laßt uns mal rübergehen!". Das ist, grobgezeichnet, das Bild des heutigen "europäischen Hauses" mitsamt der komplexen Probleme seiner Bewohner, die auf Lösung warten.

Europa - eine Illusion? Daß die Währungsunion Europa spalten und nicht zusammenführen wird, befürchtet auch Tony Judt, ein international angesehener Wirtschaftswissenschaftler aus New York der mit einer Studie über Europa Aufsehen erregte. Ihr Titel: Die große Illusion. Judts Befürchtung: Der Euro wird Europa in "Verlierer" und "Gewinner" aufteilen. Nicht nur unter den "Verlierern", sondern auch unter dem vermeintlichen "Gewinnern" werden sich Tendenzen eines "populistischen und sozial-bewußten Nationalismus" verstärken, der die Nation zum einzigen Schutz des "kleinen Mannes" vor "Brüssel" erklärt. Für den "kleinen Mann" sei "Europa" nichts anderes als eine Utopie, eine leere, unrealistische Versprechung.

Überall, wo es Gewinner und Verlierer gibt, ist der Ärger nicht weit. Auch der Historiker Arnulf Baring von der Freien Universität Berlin hält Europas Einheit für einen Mythos: "Weit entfernt davon, die Probleme dieses Kontinents zu lösen, ist Europa zur Ausrede geworden, um sie nicht erkennen und anpacken zu müssen. Es entspricht gerade in Deutschland einer weitverbreiteten Neigung, beredt die Notwendigkeit europäischer Lösungen zu betonen, wenn man einer Regelung im nationalen Rahmen halbwegs elegant ausweichen will. Europa ist bei uns das große Alibi eigener Entschlußlosigkeit und Tatenarmut", wettert der Historiker und wagt den Ausblick: "Die Nation bleibt überall, das wird sich in Krisen ganz klar zeigen, das gemeinsame Gehäuse. Nur sie garantiert Geborgenheit, Heimat, Hilfe, Schutz."

Der Rahmen des Buches verbietet eine ausführliche Behandlung dieses Themas, hinter dem bei vielen Menschen die unausgesprochen Befürchtung steht, eines Tages könnte - in welchem Land oder welchen Ländern Europas auch immer - mit Mitteln der Demagogie ein "starker Mann" kommen und im "Schweinestall Europa" aufräumen - mit allen Konsequenzen für unsere Demokratie und Gesellschaftsordnung.

Befürchtungen, die keineswegs einer realistischen Grundlage entbehren und angesichts derer sich jeder dreimal überlegen müßte, auf welche Weise nun ausgerechnet der Euro zur politischen Einheit Europas und der Friedenssicherung auf dem Kontinent beitragen könnte.

Der bereits zitierte Wirtschaftsexperte Hankel hält den Euro jedenfalls in dieser Hinsicht nicht für eine dynamische Kraft, sondern "schlicht für Dynamit", das den erreichten Integrationsstand gefährdet. Seine Prophezeiung: "Die sozialen Konflikte sowohl in der Gesellschaft als auch zwischen den Gesellschaften werden gewaltig zunehmen."

Der Fielmann-Euro:

Keinen Pfennig dazubezahlt?

Also, verkündete der Finanzminister (der mit den buschigen Augenbrauen) mit diabolischem Lächeln, aber ganz offiziell in die Fernsehkameras: Der Euro werde die Deutschen "keinen Pfennig" kosten! Nun ist von den Bayern bekannt, daß sie mitunter einen derben Humor bevorzugen, aber daß Theo Waigel den Mut hatte, seine Kundschaft derart zu veralbern, wird ihm sicher einen Ehrenplatz im Karl-Valentin-Museum einbringen! Ob sein Nachfolger Oscar Lafontaine, ebenfalls immer für arge Täuschungen gut, auch solche Märchen erzählen wird? Immerhin zeichnet ihn eine gewisse Intelligenz aus.

Wenn man nicht annimmt, daß Waigel wider besseren Wissens die obige Aussage getroffen hat, dann muß man befürchten, er habe seine Informationen von Banken, Versicherungsgesellschaften etc bezogen. In deren Broschüren steht in platter Sprache für die Oma, die Angst um ihr Geld hat: Es ändert sich nichts. Die D-Mark wird in Euro umgerechnet, und das war`s. Nichts geht verloren und das Leben geht in der nächsten Sekunde weiter wie gewohnt. Über Nacht haben wir den Euro, und Papi hat keinen Pfen-

Der "kostenlose" Euro

Die Euro-Umstellung kostet viel Geld. Allein die Software-Umstellung werde etwa 500 Mrd. ECU (knapp eine Billion Mark) kosten, schätzt der Leiter der Arbeitsgruppe Softwaretechnologie der EU-Kommission.

Für das gesamte Kreditgewerbe in Deutschland schätzen Fachleute die Umstellungskosten auf zwischen 5 bis 6 Milliarden Mark. Die Großbanken geben jeweils Summen zwischen 100 und 150 Millionen Mark an. Die Deutsche Bank spricht davon, daß sie die Umstellung 300 bis 350 Millionen Mark kosten werde, etwa die Hälfte des Betrages entfalle auf Schulungskosten und Seminare für das Personal und Aufklärung der Kunden.

Die Mineralölindustrie rechnet vor, daß die parallele Auszeichnung in DM und Euro an den Tankstellen in der Übergangsphase 600 Millionen Mark kosten wird.

Städte und Gemeinden sind noch ratlos, was an Kosten auf sie zukommt, von 1001 neuen Formularen bis zur Umstellung der Fahrscheinautomaten des öffentlichen Personen-Nahverkehrs. Mit Milliardeninvestitionen muß gerechnet werden.

Da sich auf jeden Fall ein "krummer" Umwechselkurs ergeben wird, brüten Handel und Gewerbe über Aufrundungsmechanismen bei der Preisgestaltung.

Der Euro wird dem Bürger keinen Pfennig kosten, erzählte Finanzminister Theo Waigel zum Abschied noch schnell.

nig dazubezahlt! Wir rätseln: Wer wird die Herstellung der neuen Geldscheine und Münzen bezahlen? Die Banken sagen: Das ist Sache der Bundesbank! Die kontert: Die Banken sind dran! Aber die Geldinstitute haben bereits vorgerechnet, daß ihnen allein die Euro-Umstellung im Geschäftsbetrieb so an die fünf bis sechs Milliarden kosten wird. Die müssen erst einmal wieder eingespielt werden. Höhere Bankgebühren bieten sich wie von selbst an. Wahrscheinlich bleibt es in irgendeiner Form am Steuerzahler hängen. Der ist eine anonyme Größe wie bei Fielmann die Krankenkasse. Steuern zahlen wir eh`, Hauptsache, wir haben nichts dazubezahlt!

Höchstens ärgern wir uns, daß es - wie weiland bei der Einführung der D-Mark - kein "Begrüßungsgeld" gegeben hat, und wenn es nur, wie seinerzeit, 40 Euro pro Nase bzw. Kopf gewesen wäre. Welch brillante Idee: Die Regierungen hätten millionenschwere Werbetats für den Euro gespart, die sowieso keiner Ernst nimmt. Aber 40 Euro bar und umsonst auf die Kralle, das würde auch den hartnäckigsten Euro-Gegner überzeugen und ihm ein Gefühl historischer Kontinuität vermitteln: Wieder einmal fängt die Geschichte neu an, und jeder wird für`s Mitmachen belohnt...

Wir verlassen das Bankgebäude, die Taschen voller neuem Geld, und stellen erleichtert fest: Die Preise in den Geschäften sind angenehm niedriger geworden. Im Supermarkt kostet die Butter im Sonderangebot nur noch 98,99999 Euro-Pfennige. Pardon, die Pfennige heißen jetzt ja anders - aber wie? Na, macht nichts. Das können wir bestimmt in irgendeiner Broschüre nachschlagen. Der Autohändler um die Ecke preist seine Mittelklassen- Karossen für 15.850,34875 Euros an - ein Schnäppchen! Vor Freude stärken wir uns an einer Bratwurst, die kostet so an die 1,44458 Euro. Die Kassen klingeln - das Leben geht weiter, wie gewohnt, bis wir irgendwann merken, daß wir im falschen Film sind.

Geschäftsleute können nicht, wie etwa Devisenhändler, ihre Preise mit mehreren Stellen hinter dem Komma auszeichnen. Unglück-

Es sind doch bloß Pfennige...

Was eine Lira in der neuen Währung wert ist, weiß jedes Kind, nämlich irgendetwas in der Größenordnung von 0,00053 Euro. Wir haben es besser: Mit etwas Glück werden wir für eine Mark 0,55 Euro erhalten, plus weitere Stellen hinter dem Komma. Ein Artikel, der heute 2,99 Mark kostet, würde dann für 1,66 Mark zu haben sein. Macht der Handel daraus nun 1,59 oder 1,69 Euro?

In den Fahrkartenautomaten mußten wir bislang beispielsweise 4,20 Mark einwerfen. Jetzt wären es 2,27 Euro. Schenken uns die Verkehrsbetriebe die sieben Cent, um auf eine glatte Zahl von 2,20 Euro zu kommen? Oder müssen wir 2,30 Euro bezahlen? Worüber regen wir uns auf? Es sind doch nur Pfennige bzw. Cents! Mit der Zahl der Menschen multipliziert, die täglich den öffentlichen Nahverkehr benutzen, wird im Jahr allerdings ein nettes Sümmchen daraus.

Ein halbes Jahr lang, vom 1. Januar bis 30. Juni 2002, soll es überall eine doppelte Preisauszeichnung geben, zur Gewöhnung an die neuen Preise - und zum Kontrollieren, ob auch richtig umgerechnet wurde. Befürchtungen, in dieser Zeitspanne würden sich die Menschen ohne Taschenrechner nicht aus dem Haus trauen, halte ich für gegenstandslos: Der europäische Teil der Menschheit wird es klaglos hinnehmen. Und wenn ein Brötchen zu vormals 55 Pfennige nun 31 Cents statt 30,5 Cents kostet - es sind doch bloß Pfennige! Wer fingert da schon auf seinem Taschenrechner herum oder fängt gar Streit mit dem Bäcker an!

licherweise aber ist der Umrechnungskurs, zu dem wir die D-Mark gegen den Euro eintauschen, eine "krumme" Größe. Also nicht 2:1, sondern, nur als Beispiel, 1:1,9656. Vor der Einführung des Euro-Geldes in 2002 sollten wir uns also einen Taschenrechner kaufen oder, wenn wir einen besitzen, zumindest neue Batterien zulegen. Wir werden das Instrument eine ganze Weile brauchen. Zurück zu den Geschäftsleuten: Zwei Stellen hinter dem Komma ist der Kunde gewohnt, das muß reichen, meinen sie und haben recht. Allerdings haben sie ein spezielles Problem: Ein Artikel für nur 99,99 Mark/Euro verkauft sich besser als ein solcher für 101,60 Mark/Euro.

Viele Preise orientieren sich im Grenzbereich an verkaufspsychologischen Erkenntnissen, ansonsten mitunter auch an der Kaufkraft und den Gewohnheiten der Konsumenten. Eine Dose Nivea kostet in Frankreich nur die Hälfte, Nutella hingegen ist in Deutschland am billigsten und in Dänemarkt am teuersten. Dafür sind viele Automarken in Holland oder Italien deutlich preisgünstiger als bei uns. Und so weiter. Was wird zukünftig geschehen? Wird man bei der Umrechnung auf- oder abrunden, Preise erhöhen oder senken? Wenn Sie die Antwort wirklich nicht wissen, fragen Sie einen Geschäftsmann! Sicher, für den einzelnen sind`s bei kleinen Preisen nur Pfennige bzw. Cents oder wie die Dinger heißen, um die sich Artikel verteuern werden. Bei größeren Summen wird es sicherlich schon happiger. Also, per Saldo werden die Preise wohl ein wenig anziehen. Die Euro-Umstellung bietet dem Handel jede Menge Alibis. Und manchmal gibt es gute Gründe. Ein Beispiel:

Umweltbewußt, wie wir nun einmal sind, wollen wir ein öffentliches Verkehrsmittel benutzen und werfen ein paar Münzen in den Fahrscheinautomaten. Halt, da stimmt etwas nicht! Der gewohnte Fahrpreis ist - nach Umrechnung in Euro - teurer geworden, behauptet jedenfalls unser Taschenrechner. Flugs rufen wir über Handy zum Billigtarif die Verkehrsbetriebe an und hören: "Guter Mann, worüber regen Sie sich auf? Wir mußten alle Automaten auf die Euromünzen umrüsten. Haben sie eine Ahnung, was das kostet? Das müssen wir natürlich umlegen und obendrein haben wir ein bißchen aufgerundet, weil wir Ihnen nicht zumuten wollen, Pfennige oder wie die Dinger heißen in den Automaten zu werfen. Gute Reise und auf Wiederhören!"

Diese Geschichte aus dem Alltag einer neuen Währung läßt sich endlos fortspinnen. Überall, bei der Würstchenbude ebenso wie bei der Pfefferminzia-Versicherung, die ihre EDV umstellen und an 500.000 Kunden erklärende Briefe senden muß, liegen die Milliarden nur so herum, um die Umstellung auf den Euro zu finanzieren. Endlich haben die Behörden und Unternehmen, große wie kleine, eine sinnvolle Verwendung für das Geld!

Aber Sie als Verbraucher und Dienstleistungskunde zahlen natürlich keinen Pfennig dazu. Pardon, wie heißen die neuen Dinger doch gleich? Richtig: Cents.

Am besten vergessen Sie dieses Kapitel und einen ehemaligen Finanzminister, der Sie offenkundig verkohlen wollte! Das Vergessen dürfte umso leichter fallen, als sein Nachfolger nach wenigen Wochen im Amt politische Unfallflucht beging und wir uns immer häufiger den Namen des jeweiligen Finanzministers merken müssen.

Euro heißt: Teilen!

Der ultimative Solidaritäts-Test

Mit Speck fängt man Mäuse - nach dieser Devise ist ein reichlich dümmliches Propaganda-Argument für den Euro gestrickt. Da wird die Mär vom Touristen erzählt, der mit ein paar hundert Mark in der Tasche zu einer Ferienreise quer durch Europa aufbricht, pausenlos sein Geld von einer Währung in die andere tauscht und am Ende abgebrannt mit ein paar Pfennigen dasteht. Wechselkurse und -gebühren haben alles aufgefressen. Ist der Euro einmal da, das ist die Aussage, wird dies nie wieder geschehen!

Sachlich mag das alles richtig sein - doch welcher Tourist hat soviel Zeit, einen derart hirnrissigen Blödsinn zu veranstalten? Die meisten machen ein oder zweimal im Jahr Urlaub, und dabei geht`s ab zur Erholung an ein festes Ziel in einem Land. Das Geld wird ein-, zweimal umgetauscht, und, machen wir uns nichts vor, es handelt sich dabei meist um peanuts, auch bei den Gebühren, denn die größeren Kosten hat man schon vorher bezahlt. Den Urheber dieser Geschichte sollte man kräftig auspeitschen, nicht wegen seines rührenden Märchens vom verarmten Touristen, sondern weil er etwas sehr wesentliches unterschlägt: Denn zum einen muß, was den Urlauber freut, keineswegs der heimischen Wirtschaft gut tun. Reist er in ein Weichwährungsland, zahlt er für Produkte und Dienstleistungen vergleichsweise weniger als zu Hause. Die Freude ist groß. Lange Gesichter dagegen gibt es in dem Industriebetrieb, der seine Erzeugnisse in eben dieses Weichwährungsland exportiert. Denn der erhält aufgrund des Kursverfalls weniger Geld. Lohnt sich die Produktion nicht mehr, werden Mitarbeiter entlassen, die dann eventuell nicht mehr Urlaub machen können.

Diese Darstellung ist sehr plakativ, aber wir sehen zumindest, daß die Interessen der Wirtschaft nicht mit denen eines Urlaubers übereinstimmen müssen. Bestes Beispiel ist der alte Dollar-Kurs von vier Mark für einen Dollar. Da mögen die Touristen, die damals die USA bereisten, Schaum vorm Mund gehabt haben. Aber die deutsche Exportwirtschaft erhielt für ihre dort und auf den übrigen Dollar-Märkten verkauften Erzeugnisse eine gute Bezahlung. Der hohe Dollar-Kurs, einst künstlich auf 1:4 fixiert, stellte die Grundlage für das "Wirtschaftswunder" dar, das ist unbestritten.

Zum anderen wird uns in dem eingangs wiedergegebenen Touristen-Märchen ein wichtiger volkswirtschaftlicher Sachverhalt unterschlagen: Unterschiedliche Wechselkurse sind eine Art **Ausgleichsventil** im Wettbewerb der Volkswirtschaften. Währungsparitäten können zwar durch Spekulationen beeinflußt werden, etwa wenn der Sultan von Brunei oder der Schrecken der Devisenmärkte Soros statt im Spielcasino lieber an den Devisenbörsen der Welt zocken. Im allgemeinen aber spiegeln die Wechselkurse den Gesundheitsstand der jeweiligen Wirtschaft wider. Je nachdem, ob es sich um eine ernsthafte Krankheit handelt oder der Patient vor lauter Gesundheit und Kraft nicht gehen kann, wird die Währung dann -vom Markt gezwungen - auf- oder abgewertet. Eine vorübergehende "Erkältung" wird behandelt, indem "befreundete" Notenbanken fremde Währungen kaufen oder verkaufen. Eine Abwertung verschafft dem betreffenden Land einen Exportvorteil, sichert Arbeitsplätze.

Der Vorläufer des Euro war das sogenante Europäische Währungssystem EWS mit der internen Verrechnungseinheit ECU. Hier hatten sich die EU-Mitglieder verabredet, ihre Volkswirtschaften halbwegs ordentlich zu führen und damit die Währungen gegeneinander nur innerhalb vorgeschriebener Bandbreiten schwanken zu lassen. Wurden die Werte überschritten, griffen die Zentralbanken der anderen Länder ein, meist mit Stützungskäufen. In der Praxis stellte sich schnell heraus, daß die D-Mark wegen ihrer Stabilität die "Währungsschlange" anführte.

Leider stellte sich aber auch heraus, daß sich auf Dauer gegen fundamentale Wirtschaftsdaten wenig ausrichten läßt. So mußten England und Italien 1992 den EWS-Club vorübergehend verlassen, auch Frankreich nahm eine vorübergehende Auszeit. Ein Jahr später kam es zu einer größeren Kraftprobe, das EWS-System konnte nur gerettet werden, indem die Schwankungsbreite aller Währungen mit Ausnahme der D-Mark und des holländischen Gulden auf 15 Prozent erweitert wurde (2,5 Prozent waren 1979 festgelegt). Einige Mitgliedstaaten, so Spanien und Portugal, mußten ihre Währungen kräftig abwerten, was zu einer de-facto-Aufwertung der D-Mark und des östereichischen Schillings führte.

Diese Probleme werden durch die Einheitswährung Euro nur scheinbar gelöst. Die Volkswirtschaften der 11 Teilnehmerstaaten sprechen auf dem Weltmarkt gegenüber den anderen Währungen fortan sozusagen mit einer Stimme. Das ist grundsätzlich positiv. Aber nun müssen wirtschaftliche Probleme in der Familie gelöst werden, und schon beginnt das Mißtrauen der Beobachter zu wachsen. Werden die Familienmitglieder im Ernstfall wirklich untereinander so solidarisch sein, wie es im Ernstfall erforderlich sein könnte? Fragen wir uns selbst: Würden wir eine Regierung akzeptieren, die einer Schwächung des Euros zustimmt und die

Folgen (z.B. Inflation) in Kauf nimmt, damit in einem anderen europäischen Land die Wirtschaft besser läuft und es dort weniger Arbeitslose gibt? Oder werden wir sagen: "Die haben selbst Schuld mit ihrer Disziplinlosigkeit! Sollen die doch erstmal sparen, wir tun das doch auch!"

Sicher ist: Die Rolle des "Sicherheitsventils" schwankender Wechselkurse wird fortan durch **Transferzahlungen** an die schwächeren Volkswirtschaften ersetzt werden müssen - auch wenn das, wie immer versichert wird, nicht vertraglich vereinbart ist. Aber dem Euro-Club wird gar nichts anderes übrig bleiben, denn der Austritt oder Ausschluß eines Mitglieds wäre vermutlich der Anfang vom Ende.

Wann aber ist der Punkt erreicht, an dem der Kessel platzt, an dem die Solidarität ein Ende hat? Gerade haben wir mit unseren "Brüdern und Schwestern" aus der ehemaligen DDR geteilt (und tun dies immer noch durch den sogenannten Solidarzuschlag), und nun sollen wir mit dem Rest Europas teilen? Kommt demnächst der Euro-Soli? An Stammtischen und auch im Wahlkampf hören wir eindeutige Antworten, die auf den wahren Kern des Mißtrauens und Ablehnens gegenüber dem Euro deuten. Wir erkennen:

Die neue Währung wird der ultimative Solidaritäts-Test auf dem Weg zu einem einigen Europa sein!

Jene, bei denen das Wort Solidarität sozusagen zur Geschäftsgrundlage gehört, die Gewerkschaften, schwiegen sich im Mai-Aufruf 1998, ein dreiviertel Jahr vor seiner Einführung, zum Thema Euro bezeichnenderweise aus. Denn die künftige Tarifpolitik wird längerfristig die Rolle eines "Stoßdämpfers der Wechselkurse" übernehmen, wie es der vorübergehende Finanz- und geheime Wirtschaftsminister Oskar Lafontaine bereits überdeutlich formulierte, als er die Zügel noch in der Hand hielt.

"Stoßdämpfer der Wechselkurse" ist nichts anderes als eine akkurate, wenngleich reichlich euphemistische Umschreibung für Lohndruck und Entlassungen. "Kommt erst einmal der gänzlich freie europäische Arbeitsmarkt ohne Arbeitserlaubnis und -bewilligung, dann ist es mit gewerkschaftlicher Autonomie, Tarifgestaltung und Regelungskompetenzen in Sachen Arbeitnehmerschutz auch bald vorbei", bemerkt der Eurokritiker Wilhelm Hankel. Man versteht, warum es den Gewerkschaften die Sprache verschlagen hat:

Hierzu ein kurzer Merksatz: Gewinner des Euros werden zunächst die Banken und die Großindustrie sein, Verlierer alle anderen.

Der "kleine Mann" wird das Euro-Abenteuer bezahlen müssen. Wenigstens das am Euro ist ziemlich sicher.

Und als Tourist wird er - um auf das anfangs erwähnte Beispiel zurückzukommen - auch keine Freude am Euro haben. Zwar fallen die Wechselgebühren fort. Dafür aber kann er nicht länger von eventuell günstigen Wechselkursen profitieren, höchstens von regionalen Preisunterschieden.

Und wenn die neue Regierung ihre Ziele - Abbau der Arbeitslosigkeit - nicht erreichen kann, wird sie das auf den Euro schieben, mit der Universalausrede: "Diese Entwicklung war so nicht voraussehbar."

Was die Wirtschaftswissenschaftler am Euro bemängeln

155 deutsche Wirtschaftswissenschaftler sind gegen den Euro zum jetzigen Zeitpunkt und für eine Verschiebung des Starttermins. Vergeblich!

Das sind die fünf Hauptpunkte, die sie bemängeln:

1. Die Auswahl der Teilnehmerländer entspricht nicht dem optimalen Wirtschaftsraum.

2. Eine mangelnde Flexibilität der Löhne und unzureichende Anpassungsfähigkeit der Arbeitsmärkte nach dem Wegfall des Wechselkurspuffers und der Möglichkeit einer national differenzierenden Geldpolitik.

3. Eine beschäftigungspolitische Inpflichtnahme der Geld- und Wechselkurspolitik der Europäischen Zentralbank trotz der vertraglich gesicherten Unabhängigkeit und des Vorranges der Preistabilität.

4. Das Entstehen einer Transferunion trotz des Haftungsausschlusses der Gemeinschaft für finanzielles Fehlverhalten und Fehlentwicklungen in einigen Ländern.

5. Die gefährdete Nachhaltigkeit der stabilitätspolitischen Konvergenz trotz der vom Vertrag geforderten Haushaltsdisziplin und des Stabilitäts- und Wachstumspaktes.

Die Verfassungsklage:
Der Euro am Rande der Legalität?

Drei einsame Beschwerden gegen den Euro lagen bereits vor, dann setzten 155 Wirtschaftswissenschaftler zur großen Schluß-Offensive vor dem Bundesverfassungsgericht an, um mit einer weiteren Klage den vorgesehenen Start der Währungsunion zu verhindern. Es mißlang.

"Dürfen Bürger ihren Staat verklagen, wenn es um ihr Geld geht?", fragen die "Euro-Brandstifter" im Vorwort eines Taschenbuches, das die Punkte der Klageargumentation enthält, und erklären damit ihre Motivation zu diesem Schritt:

"Es findet ein schwerwiegender Eingriff in das Privatleben und in das Vermögen der Bürger statt, denn von einer Stabilität unseres Geldes hängt alles ab: die persönliche Lebensplanung und -vorsorge, der Schutz des Eigentums, die Wahrung unserer sozialen Rechte. Alles dies gefährdet ein Staat, wenn er die gewachsene, vertraute und vertrauenschaffende Geldordnung auswechselt, als wäre sie ein ausgedientes Kleidungsstück! Genau das geschieht durch den Vertrag von Maastricht."

Die "Konvergenzkriterien" - Eintrittskarte für den Euro-Club

Eine zeitlang waren die Vorgänge um die sogenannten Konvergenzkriterien das vorherrschende Thema in den Medien: Die Euro-Teilnehmer mußten sich unter anderem verpflichten, die Haushaltsschulden zu verringern. Bis sich alle 11 Staaten am vermeintlichen Platz an der Sonne präsentieren konnten, mußte mancher gar kräftig tricksen und täuschen. Ein dubioser "Stabilitätspakt" soll die Euro-Staaten auch in Zukunft zu einer verantwortungsvollen Wirtschaftsführung verpflichten.

Die wichtigsten Kriterien (neben niedrigen Zinsen und Wechselkurs-Stabilität):

Inflationsrate: Alles über 3,2 Prozent ist verboten. Eine "Polizei", die einschreitet, existiert nicht.

Haushaltsdisziplin: Die Neuverschuldung der öffentlichen Haushalte muß unter drei Prozent des Bruttoinlandproduktes liegen. Aber es gibt Ausnahmen: Das ernsthafte Streben nach diesem Ziel reicht durchaus, um Übertretungen als "ausnahmsweise" und "vorübergehend" zu dulden.

Staatsverschuldung: Sämtliche Schulden der öffentlichen Hand dürfen 60 Prozent des Bruttoinlandproduktes nicht übersteigen. Sind die Schulden höher, aber in der Tendenz rückläufig, werden ein Auge oder auch zwei nachsichtig zugedrückt, wie im Falle von Belgien und Italien (beide 1977 über 120 Prozent).

Diese Worte hätte man in Stein meißeln und in jeder größeren Stadt Deutschlands aufstellen sollen, damit kein Bürger später behaupten könnte, er habe von den kommenden Dingen nichts gewußt. Aber das ist leider unterblieben, und nun warten wir gespannt auf die Auflösung der Preisfrage: Können sich 155 Wirtschaftsexperten irren?

Das Verfassungsgericht hat die Frage schon bejaht: Die Beschwerde ist gescheitert. Der Wirtschaftswissenschaftler Wilhelm Hankel, der ehemalige Präsident der Landeszentralbank Hamburg, Wilhelm Nölling, der Wirtschaftswissenschaftler Joachim Starbatty (Uni Tübingen) und der Rechtswissenschaftler Karl Albrecht Schachtschneider (Uni Erlangen-Nürnberg), die die Klage eingereicht hatten, können sich damit trösten, daß sie in wenigen Jahren von den Ereignissen bestätigt werden. Freilich wird es dann zu spät sein.

Bereits am 12.Oktober 1993 hatten Schachtschneider und andere (darunter Manfred Brunner, der als Vorsitzender des "Bund Freier Bürger" für den Erhalt der D-Mark kämpfte) ein Urteil vor dem Verfassungsgericht erstritten. Die Verfassungshüter fanden am Maastricht-Vertrag im großen und ganzen nichts auszusetzen und formulierten lediglich einige Vorgaben, wie die zukünftige Währungsunion auszusehen hätte. Unter anderem kamen sie zu dem Schluß, die Währungsunion müsse auf jeden Fall eine "Stabilitätsgemeinschaft" sein. Genauer: DIe Konvergenzkriterien seien strikt und unbedingt einzuhalten. Damit war das Verfassungsgericht erstmal aus dem Schneider, und die Regierung Kohl mußte fortan das Sparen üben.

In diese Kerbe wollten die Wirtschaftsprofessoren in einem last-minute- Versuch einen weiteren Keil treiben und sozusagen per Einstweiliger Verfügung den Start hinauszuzögern. Beitrittskriterien wie Haushalt und Staatsverschuldung seien in mehreren Staaten durch vielfältig Manipulationen unterlaufen worden und nicht nachhaltig genug abgesichert. Insbesondere fehlten in einer Gemeinschaft mit einheitlicher Währung bewährte Instrumente zur Absicherung der wirtschaftlichen Stabilität. Es werde einerseits zu immensen Transferzahlungen in andere Länder kommen, andererseits zu sozialen Unruhen. Frankreich, Italien und Deutschland werden in der Klageschrift als Länder bezeichnet, die alle fünf Stabilitätskriterien des Vertrages von Maastricht nicht erfüllen.

Die Erfüllung des Konvergenzkriteriums "Haushaltsdefizit" (höchstens 3,0 Prozent des BIP) sei in Deutschand wie auch in Frankreich und Italien nur mit Hlife besonders kreativer Buchführung möglich gewesen und darüber hinaus von kurzlebiger Wirkung. So habe die Bundesregierung, um die aktuelle Haushaltsbelastung zu mindern, Schuldentilgungen in die Zukunft verschoben, wodurch sich, per Saldo, die Gesamtbelastung erhöhe. Das Ansinnen des Finanzministers, die Bundesbank möge die Goldreserven höher bewerten und als Buchgewinn an die Bundesregierung ausschütten, habe das Eintreten für eine unabhängige Zentralbank in Mißkredit gebracht.

In Frankreich habe der Staat die Pensionsverpflichtungen für die Mitarbeiter der France Telecom - eine Zukunftsbelastung - übernommen und dafür von dem Unternehmen als Gegenleistung 37,5 Milliarden Franc verbucht, was in 1997 zu einer einmaligen Reduzierung des staatlichen Defizits von 0,5 Prozentpunkten geführt hat. Italien habe eine weitgehend rückzahlbare Euro-Steuer erhoben, die in 1997 das Haushaltsdefizit auf wundersame Weise genau auf die verlangten 3,0 Prozent reduzierte (bereits ein Jahr darauf lag es schon wieder bei 3,7 Prozent).

Ein vernichtendes Urteil schließlich fällten die Wirtschaftsexperten hinsichtlich der Ernsthaftigkeit der Bemühungen der Regierungen, die Staatsverschuldung abzubauen: "Der im "Protokoll über das Verfahren bei einem übermäßigen Defizit" festgesetzte Referenzwert von 60 Prozent bildete im Jahre 1991 noch einen Sicherheitsabstand von etwa vier Prozentpunkten zu dem für die

Gemeinschaft insgesamt festgestellten Verhältnis von öffentlichen Schulden zum gemeinsamen Bruttoinlandsprodukt von 56,1 Prozent. Es dauerte nur fünf Jahre, bis die Träume von der Beherrschbarkeit der Schuldenwirtschaft in der Europäischen Union zerronnen waren. Der Schuldenstand war bis 1996 auf annähernd 74 Prozent, also um etwa 18 Prozentpunkte oder rund 30 Prozent angestiegen."

Insbesondere bei Ländern, deren Verhältnis bei Abschluß des Maastricher Vertrages (1991) deutlich unterhalb des Referenzwertes lag, sei eine anhaltende Tendenz nach oben feststellbar: Deutschland (von 41,2 auf 61,8 Prozent), Frankreich (von 41,4 auf 57,3), Spanien (von 51,5 auf 68,1), Österreich (von 58,6 auf 66,1), Finnland (von 25,6 auf 59). Bei strikter Auslegung, so die Kläger, würden Deutschland, Österreich und Spanien nicht das Schuldenstandkriterium erfüllen.

Diese Auszüge aus dem "Report des Grauens" mögen genügen. Die Klageschrift von rund 300 Umfang ist durch ihre nüchterne Beschreibung eine einzigartige Kritik an Politikern, die nicht wissen, was sie tun und die von Antreibern schon längst zu Getriebenen ihrer unzulänglichen Handlungen und Entscheidungen mutiert sind.

Die vier Euro-Mahner: "Die Verfassungsbeschwerde war der letzte Versuch, den Schaden, ja das Unheil, welches eine verfrühte Einheitswährung für Deutschland und Europa mit sich bringen würde, abzuwenden. Es ist nicht mehr zu erwarten, daß die verantwortlichen Politiker die notwendige Einsicht und Kraft aufbringen, das Steuer noch herumzureißen."

Das Verfassungsgericht meint, daß die Regierenden mit ihren Entscheidungen zur Vorbeitung der Euro-Einführung fest mit beiden Beinen auf dem Boden des Grundgesetzes stehen, wenn nur die Kriterien der Verträge eingehalten werden. Das im einzelnen zu überprüfen ist aber nicht Aufgabe des Gerichtes. Die Parlamentarier in Bonn haben inzwischen mit großer Mehrheit den Zug nach Euroland abfahren lassen. Schließlich will sich keiner nachsagen lassen, er sei ein schlechter Europäer.

Aus Münster meldete sich unterdes der Geldtheoretiker Professor Manfred Borchert: "Der Euro kostet soviel wie die Wiedervereinigung", konstatierte er in der "Süddeutschen Zeitung".

Das wären dann 150 bis 200 Milliarden Mark im Jahr. Dagegen sind die rund 30 Milliarden, die wir jetzt schon an Brüssel zahlen, peanuts.

Fazit: Richten Sie sich rechtzeitig auf einen zusätzlichen "Soli" für Europa ein!

Staats-Anleihen:

Der Euro-Gradmesser

Wenn der Staat Geld benötigt, leiht er es sich gern bei seinen Bürgern. Weil die Bewohner eines Staates annnehmen, dieser sei immer noch ein vertrauenswürdiger Schuldner, kaufen die Bürger gern Staatsanleihen und nehmen eine mittelprächtige Redite in Kauf. Die Lebensversicherer tun dieses beispielsweise in großem Maßstab. Nur der Umstand, daß unser Staat (und andere auch) auf diesem Weg Schulden machen können, sichert seine Existenz (und die vieler anderer Staaten). Diesem Vorgang liegt der Irrglaube zugrunde, ein Staat könne nicht pleite gehen.

Auch Rußland hat sich bei uns Geld geborgt - in Form von DM-Anleihen, mit schönen Zinsversprechungen. Das hat auch schon Zar Nikolaus gemacht - und war bald darauf verhindert, das Geld zurückzuzahlen. Nun bricht nicht alle Tage eine Revolution aus, aber ein Staat läßt sich auch auf ganz normale Weise zugrunde richten, beispielsweise durch flottes Schuldenmachen.

Die Anleihen haben eine bestimmte Laufzeit, beispielsweise zehn Jahre. Da legt man schon Wert darauf, daß nach Ablauf eines so langen Zeitraumes die Rendite nicht von der Inflation aufgefressen wird. Anleihen in einer stabilen Währung sind also attraktiv. Für Anleihen gibt es übrigens eine Börse, und Angebot und Nachfrage erzeugen einen Kurs, je nachdem wie die Wirtschaft brummt.In der Zeitung lesen Sie: Rentenwerte fest oder nachgebend. Mit Ihrer Rente, ob staatlich oder privat, hat das freilich nichts zu tun! Steigen die Börsenkurse, wollen manche Anleger lieber ihr Geld in Aktien anlegen und die Rentenpapiere verkaufen. Der Kurs von Anleihen kann also während ihrer Laufzeit schwanken, beispielsweise einmal 90 und dann wieder 110 Prozent betragen. Der Zins hingegen bleibt fest, und bei Fälligkeit ist der Kurs immer 100 Prozent. Die Rendite ergibt sich, wenn man den Zins durch den Kurs dividiert. Beispiel: Ist die Anleihe mit einen Zins von sieben Prozent ausgestattet, ergibt sich beispielsweise bei einem Kurs von 90 eine Rendite von 7,77 Prozent.

Nun gibt es Staaten, deren Haushaltsfinanzen nicht so ganz ordentlich sind, die sich aber auch Geld leihen wollen. Um Anleger zu locken, müssen sie eine deutlich höhere Verzinsung anbieten. Beispielsweise rentiert eine deutsche Staatsanleihe bei 6,5 Prozent, ein vergleichbares Papier aus Italien um 10,5 Prozent. Das ist der Preis für eine schwache Wärung oder politische Instabilität. Unabhängig von dem ausgelobten Zins werden die Anleihen bewertet, und zwar nach der Bonität der Schuldner. Italienische Staatsanleihen genießen offenbar eine geringere Bonität, wenngleich eine deutlich bessere als beispielsweise russische Anleihen. Eine mit 8,75 Dollar verzinste Dollar-Anleihe des Zaren Boris J. rutschte im August 1998 mit einem Kurs von nur noch 28 Prozent in den Keller - die Bestätigung des Mißtrauens der Anleger in die Reformkraft der dortigen Regierung. Sie sehen: Hohe Zinsen sind vermeintlich attraktiv, aber in unserem Beispiel nichts anderes als eine "Zitterprämie": Werden die Anleihen in zehn Jahren wirklich zurückgezahlt? Das ganze hat also, wie bei allen Börsengeschäften, einen gewissen Wett-Charakter. Verkaufen Sie Anleihen vorzeitig, müssen Sie mitunter mit unangenehmen Überraschungen rechnen. Spannend wird es nun mit der Euro-Einführung: Auf einmal existert ein einheitlicher Währungsraum! Da muß es früher oder später auch ein einheitliches Renditenniveau geben. Da die Zinskonditionen bereits bei Ausgabe festgelegt sind, kann das nur über den Kurs erfolgen. Wie wird das aussehen? Drei Möglichkeiten stehen zur Auswahl. Entweder tendiert das Renditenveau zum höchsten oder niedrigsten Wert oder es pendelt sich zu einem Mittelwert ein. Zum höchsten Wert wird es beispielsweise tendieren, wenn die internationalen Märkte kein Vertrauen in den Euro haben. Die niedrig rentierende deutschen Anleihen würden stark verlieren. Unterstellen wir einen mittleres Renditeniveau, so könnte es bei den hochrentierlichen Italien-Anleihen Kursgewinne geben.

Was passieren wird, steht in den Sternen. Und es ist der Punkt, an dem auch die Lebensversicherer in banger Erwartung anzutreffen sind. Die Versicherungspolicen auf Euro umstellen, ist eine Sache. Der Besitz von deutschen Rentenpapieren mit ungewisser Rendite eine andere. Selbstverständlich hofft man, daß sich das zukünftige Renditenniveau an den stärksten Mitgliedern des Euro-Clubs ausrichtet. Wahrscheinlicher ist jedoch ein späterer Kursanstieg, so daß das Renditeniveau sinkt. Nach außen geben sich die Lebensversicherer gelassen...

Sollte das Mißtrauen der internationalen Finanzmärkte in die Euro-Währung steigen, dann werden sich die D-Mark-Besitzer den Hinterkopf kratzen und überlegen, was anzufangen ist. Die Deutschen könnten versucht sein, wie weiland bei der Einführung der Quellensteuer ihr Geld in anderen Währungen anzulegen. Eine Reaktion mit Folgen: Damals war wenigstens das Geld via Luxemburg wieder auf den deutschen Anleihemarkt zurückgeflossen, diesmal würde es im Ausland bleiben. Nicht zu vergessen die fast 500 Milliarden, die von Ausländern am deutschen Rentenmarkt angelegt sind. Die könnten dem Zug der Lemmige folgen. Die Anleihekurse sinken in den Keller, die Inhaber langlaufender Schuldverschreibungen erleiden empfindliche Verluste. Und der Staat wäre versucht, Kapitalverkehrskontrollen einzurichten. Auf den Flughäfen würde man untersuchen, ob Sie schnell noch Koffer voller D-Mark ins Ausland bringen wollen.

Das Szenario ließe sich mühelos über die Vorgänge auf den Devisenmärkten weiterspinnen. Wir hoffen ja alle, daß es nicht so kommt. Was die Situation so unberechenbar macht: Nicht nur wirtschaftliche Daten oder finanzpolitische Umstände können eine derartige Kettenreaktion auslösen, sondern simple, auch völlig irrationale psychologische Aspekte, wie sie jedem guten Gerücht innewohnen. Die zukünftige Entwicklung auf dem Markt der Anleihen ist also eine Art Gradmesser für den Euro.

Gutes Geld gegen schlechtes:

Währungsreform durch die Hintertür?

Das Mißtrauen der Bevölkerung ist einfach nicht auszuräumen: Stellt die Einführung des Euro womöglich eine verkappte Währungsreform dar? Keine Lebensangst - außer die vor der Inflation - ist bei den Deutschen so tief verwurzelt.

Eine Bankenbroschüre (Motto: Die Mark wird auf Euro umgestellt - nichts ändert sich für Sie!) informiert: "Währungsreformen sind nach schweren Wirtschaftskrisen, nach einer Hyperinflation, verlorenen Kriegen oder einem Staatsbankrott notwendig, weil Staatsfinanzen und Wirtschaft völlig zerrüttet sind. Bei einer Währungsreform werden beim Geldwert meist mehrere Nullen gestrichen. Löhne und Renten werden gekürzt. Industrie- und Staatsanleihen werden nicht mehr oder nur zu einem geringen Teil zurückgezahlt. Sparbücher werden abgewertet."

Das ist gutgemeint und soll zweifelsohne beruhigen. Hunger, Beulenpest und Cholera sind überwunden - wir leben in anderen Zeiten, so etwas wie Währungsreform ist ausgestorben. Aber bei jemand, der gerade eine Lohn- oder Rentenkürzung hat hinnehmen müssen oder der sich Sorgen um die zerrütteten Staatsfinanzen macht oder zum Riesenheer der Arbeitslosen zählt, könnte diese Beschreibung glatt verstärktes Herzklopfen bewirken. Bevor Sie nun voreilig zu Beta-Blockern greifen, bedenken Sie ohne Aufregung: Selbstverständlich ist die Euro-Einführung eine Währungsreform. Es wird neues Geld eingeführt, sein Wert wird neu definiert und auch die Oberhoheit geht auf neue Kontrollorgane über. Unser Währungssystem wird **reformiert,** wie auch das der anderen teilnehmenden Länder.

Aber trotzdem ist alles ein wenig anders als bisher.

Bei uns mag niemand den Begriff "Währungsreform" in den Mund nehmen, schon gar nicht Politiker. Zu negativ belastet ist das Wort bei uns. Diese Stimmung machte auch der ehemalige Präsident der Deutschen Bundesbank, Otto Pöhl, aus, als er sagte: "Die Einführung einer europäischen Währung ist nur vergleichbar mit der Währungsreform 1948." Damit meinte er die Skepsis der Bevölkerung, sich erneut auf ein Experiment mit ungewissem Ausgang einzulassen.

Tatsächlich gibt es gibt es mit der Euro-Einführung einen beträchtlichen Unterschied zu dem, was wir in Deutschland gemeinhin mit "Währungsreform" emotional verbinden:

Bisher haben wir bei Währungsreformen stets **schlechtes Geld gegen gutes** eingetauscht, auch wenn dieser Prozeß weh tat. Mit gehöriger Verspätung, aber angenehmeren Begleitumständen durften übrigens auch die Deutschen aus der ehemaligen DDR diese Erfahrung machen.

Diesmal aber tauschen wir **gutes Geld gegen schlechtes!**

Fragt man aber die Menschen in Italien, Spanien oder Portugal, so sind sie aber durchweg überzeugt, durch den Euro mit ihrer jeweiligen Währung schlechtes Geld in gutes einzutauschen! Also doch eine "Währungsreform"! Es ist offenbar nur eine Frage des Standpunktes des Betrachters. Wir Deutschen befinden uns lediglich am **falschen Standort**, so einfach ist die Erklärung!

Auch das sollte uns nachdenklich machen: Neues Geld ließ sich bislang stets nur unter Krisenbedingungen einführen. Handelt es sich diesmal wirklich um die große historische Ausnahme, oder was wären solche Krisen? Staatsverschuldung, der drohende Zusammenbruch der Renten- und anderer Sozialsysteme sowie die Rückkopplung der angeschwollenen Arbeitslosigkeit kämen wohl als erstes in den Sinn. Stecken wir in einer solchen Krise, die die Einführung neuen Geldes notwendig macht? Wenn ja, warum sagt es uns niemand in der gebührenden Deutlichkeit?

Europa befindet sich im Umbruch, wie der Rest der Welt. Unter den Völkern herrscht trotz aller im Laufe von Jahrzehnten installierten und vielfältigen Schutzmechanismen immer noch ein mehr oder weniger ungetrübter Wirtschafts-Darwinismus: Der Stärkere setzt sich stets durch, ein Naturgesetz. Machen wir uns keine Illusionen: Auf manchen Schauplätzen werden regelrechte Wirtschaftskriege ausgetragen. Die Berichterstattung findet sachlich-nüchtern täglich im Wirtschaftsteil der Tageszeitungen statt, und alle bis auf die nicht zu unterschätzende Zahl von Sozialromantikern und Lehrern akzeptieren es stillschweigend.

Vielleicht ist es daher nicht richtig, den Politikern die alleinige "Schuld" an Entwicklungen zu geben, die aus der menschlichen Natur - eben dem keuleschwingenden Neandertaler in uns allen - entspringen. Den Politikern kann man höchstens den Vorwurf machen, daß sie uns über das gegenwärtige Ausmaß der Krisen nicht ausreichend informieren und statt dessen so tun, als ob die Welt dank ihrer Tatkraft und weitsichtigen Vorausschau aus Friede, Freude, Eierkuchen bestehe, solange der Bürger sich nur ruhig verhalte, auf sein Eigenheim spare und im übrigen die jeweilige Regierungspartei wiederwähle, weil sonst alles noch viel schlimmer kommen könnte. Ich habe den unbestimmten Verdacht, daß die politische Kaste das kommenden Euro-Chaos keineswegs aus Lust am eigenen Untergang angezettelt hat, sondern in den einhergehenden unruhigen Zeiten eine einzigartige Chance sieht, ihre an den Haushaltsbilanzen ablesbaren Missetaten auf Kosten ihrer Wähler in des Wortes wahrster Bedeutung auf möglichst unauffällige Weise ent- schulden zu können.

Alle Europäer sitzen fortan in einem Boot, und irgendwie werden wir das Unheil finanziell überleben und uns über diesen Umstand freuen. Die Frage, ob es sich technisch gesehen um eine Währungsreform oder nicht gehandelt habe, ist dann für die Überlebenden relativ bedeutungslos geworden. Und die Politiker, das zählt zu ihrem Geschäft, werden später unverfroren den Verdienst reklamieren, daß wir wenigstens mit dem nackten Leben davongekommen sind! Dem Euro sei Dank!

Man sollte die Titanic in den verschiedenen Stadien ihres Sinkens als Symbolbild auf allen neuen Geldscheinen abbilden!

Die Zukunft des Euro:

Expedition ins Unbekannte

Das Euro-Abenteuer gleicht einer schlecht ausgestatteten Expedition ins Unbekannte. Die 11 Teilnehmer weigern sich beharrlich, notwendige Ausrüstungsgegenstände mitzunehmen. Losmarschieren sei unendlich wichtiger als auf Komplettierung der Ausstattung zu warten, oder etwa gar darauf, daß sich der Gesundheitszustand der Fußkranken unter den Teilnehmern verbessert, meinen sie.

Also geht es los! In Turnschuhen und T-Shirt über die Berge, ohne Wasser durch die Wüste. Positives Denken ersetzt die Marschverpflegung. Einen Kompaß braucht man nicht. Dafür hat man schließlich ein Komitee, das sich sehr intensiv und unter Berücksichtigung der nationalen Eigenheiten mit der Festlegung der jeweiligen Himmelsrichtung beschäftigt.

Auf ihrer abseits gelegenen Insel sitzen die Briten, verfolgen staunend das Treiben und denken wehmütig an alte Zeiten: Das ehemalige Weltreich hat längere Erfahrungen mit derartigen Expeditionen, vor allem mit deren Vorbereitungen. Die pflegten bis ins letzte Detail zu reichen, beispielsweise bis zum Abschluß eines "adventurers contract", in dem sich die Teilnehmer gegenseitig als Erben einsetzten und versprachen, sich um die Kinder derjenigen zu kümmern, die unterwegs zurückbleiben. Den Briten ist die Euroland-Expedition also nicht ganz geheuer, deshalb warten sie erstmal ab und überbrücken die Zeit mit dem Abschluß von Wetten auf Erfolg oder Mißlingen der Expedition.

So ungefähr muß einem Außenstehenden vorkommen, was derzeit unter unseren Augen abläuft und was unsere Lebensplanung in den kommenden Jahren stärker beeinflussen wird als Hölle oder Hochwasser. Wenn wir jetzt die Expedition begleiten - etwas anderes bleibt uns gar nicht übrig - dann fragen wir uns natürlich: Womit haben wir bei dieser Expedition zu rechnen, auf welche zukünftigen Entwicklungen haben wir uns einzustellen?

Voraussagen der Zukunft nennt man heute "Szenarios" - sozusagen Drehbücher für den Lauf der Dinge. Der alte Spruch "Wenn man aus dem Rathaus kommt, ist man klüger" fällt mir ein, wenn ich heute einige Euro-Szenarios betrachte, die noch vor zwei oder drei Jahren von den Medien angeboten wurden. Diese Voraussagen sind naturgemäß Spekulationen, basierend auf Informationen und harten Facts, die wir heute besitzen und die dann mehr oder weniger gradlinig in die Zukunft verlängert werden. Was sich nicht voraussagen, sondern nur nach unterschiedlichen Wahrscheinlichkeiten interpretieren läßt, ist das Reagieren und Handeln der Betroffenen an einem fernen Punkt in der Zukunft. Da hat es im Laufe der Geschichte schon oft überraschende Wendungen gegeben. Unter diesem Vorbehalt bitte ich die nachfolgende Analyse zu betrachten, die mit einer interessanten Feststellung beginnt:

Entgegen der allgemeinen Befürchtungen wird der Euro tatsächlich als "harte" Währung starten. Den Beteiligten bzw. den Verantwortlichen wird aus Gründen der Glaubwürdigkeit gar nichts anderes übrig bleiben, auch will man möglichst schnell das Vertrauen der internationalen Finanzmärkte gewinnen. So wird die Europäische Zentralbank einen beinharten Kurs der Hartwährungspolitik fahren - solange jedenfalls, wie es gerade noch gutgeht. Glaubt man renommierten Währungsexperten, so bedeutet das aber gleichzeitig das Ende vom kontinuierlichen Aufschwung und die Verfestigung, wenn nicht gar die **Eskalation** von Arbeitslosigkeit. Dann schlägt die Stunde für einen "weichen" Euro, die neue Währung wird umkippen. Skeptiker meinen, das werde spätestens 2002 eintreten. Zu diesem Zeitpunkt erhalten wir gerade die neuen Scheine.

Wir in Deutschland haben alle Folgen, die sich aus einer Politik der Geldwertstabilität ergeben, bislang hingenommen, wovon über vier Millionen Arbeitslose ein beredtes Zeugnis ablegen können. Allerdings bleibt die Frage offen, wo die Schmerzgrenze der Bevölkerung und die Belastbarkeit der Sozialkassen angesiedelt ist. Bei anderen Teilnehmern des Euro-Clubs liegt sie jedenfalls niedriger, und folglich werden deren Regierungen schon bald einfach alle Haushaltsdisziplin vergessen müssen, um durch erhöhtes Schuldenmachen nebst Inflation soziale Unruhen verhindern zu helfen. Selbstverständlich wird man vorher durch **Transfer-Zahlungen** an die Fußkranken des Euro versuchen, dieser Entwicklung gegenzusteuern - so lange es irgendwie geht. Geradezu hirnrissig sind die Bremsen, mit denen man übermäßige Schuldenaufnahme verhindern will: Der betreffende Staat, der kein Geld mehr in der Kasse hat und deshalb weitere Schulden macht, soll mit einer Geldstrafe belegt werden (0,2 Prozent des BIP) und zusätzliche Milliarden nach Brüssel überweisen. Um das tun zu können, müßte er weitere Schulden machen...

Fatalerweise sind gerade Deutschland und Frankreich ernsthafte Anwärter auf gesellschaftliche Unruhen, weil die sozialen Sicherungsysteme die Grenzen der Belastbarkeit erreicht haben und nur mit einem schmerzlichen Rückbau zu sanieren sind. Erstaunlicherweise scheint alles, was bislang von der neuen rot-grünen Regierung in Deutschland angekündigt wurde, in eine umgekehrte Richtung zu laufen: Mehr Schulden machen, um Wohltaten verteilen zu können.

Weiter südlich in Europa bringt die Bevölkerung zerrütteten Staatsfinanzen größeres Verständnis entgegen - fast ist es dort ein gewohnter "way of life". Für die Entwicklung in Deutschland zeichnet der Währungswissenschaftler Wilhelm Hankel noch zusätzlich folgendes düstere Bild: "Wenn sich aber erst die Billigarbeitskräfte all unserer west- und natürlich auch osteuropäischen Nachbarn ein Stelldichein bei uns geben, dann können die Geldlöhne in Deutschland nur noch eine Richtung nehmen - nach unten. Und die Sozialkosten können statt zu fallen nur steigen, weil sich immer mehr Deutsche ihr Einkommen beim Arbeits- bzw. Sozialamt abholen müssen. Unser Sozialsystem, immerhin das älteste der Welt, kann dann nur noch eines - zusammenbrechen. Denn eine um diese Arbeits- und Lohnkonkurrenz aus Europa aufgestockte Sockel- und Langzeitarbeitslosigkeit läßt sich, wenn sie erst einmal die Zehn-Prozent-Marke aller Erwerbsfähigen erreicht und übersteigt, nicht mehr finanzieren." Hankel bringt es auf die griffige Formel: "Es wird Milliardenverluste und Millionen neuer Arbeitsloser geben."

Düstere Prognosen, die da auf dem Papier stehen. Bleibt eigentlich nur das Prinzip Hoffnung. Hoffnung darauf, daß es nicht so kommen muß. Schließlich gibt es auch Euro-Optimisten, wenngleich jene überwiegend nur in Kreisen der Banken und Großkonzerne zu finden sind. Wir sollten im Kopf behalten, daß das Euro-Abenteuer mit den ungelösten Hausaufgaben einiger Teilnehmer belastet ist, inklusive Deutschland: Kein nennenswerter Rückgang der Arbeitslosenzahlen, gleichzeit aber Riesenandrang neuer Rentner in die Sozialkassen. 1999 haben bereits über 23 Millionen Rentenversicherte Anspruch auf Auszahlungen ihrer Altersrenten! Daher scheint es wenig angebracht, sich über unsere südlichen

Nachbarn zu mokieren - jede Volkswirtschaft hat ihre eigenen Probleme. Mit dem Euro werden diese Probleme jetzt freilich auf europäischer Ebene vergesellschaftet. Das können wir uns beispielsweise so vorstellen: 11 Mann in einem Boot wollen die rettende Küste erreichen. Einige rudern, damit der Kahn sein Ziel erreicht, andere futtern erstmal Aufbaunahrung und warten darauf, kräftiger zu werden. Bald kommen erste Spannungen auf: Die "Fleißigen" verläßt nach kurzer Zeit die Kraft. Jetzt haben sie keine Lust mehr, für die "Faulen" mitzurudern und werfen sie als Ballast über Bord.

Ein Auseinanderbrechen der Währungsunion wäre sicherlich der Super-GAU für den Euro, folglich wird man versuchen, diesen denkbar schlimmsten Fall nicht eintreten zu lassen. Die Folge werden die bereits angesprochenen erheblichen Transfer- oder Stützungszahlungen von einer Volkswirtschaft in andere sein, eine Kunst, in der sich die Brüsseler Eurokraten im Rahmen der EU-Subventionen schon lange versuchen. Der deutsche Sparer aber hat einfach Angst um sein Geld, und alle Beteuerungen seitens der Politik können ihm diese Angst nicht nehmen. Wer heute sagt, mit dem Euro komme die Inflation, und jedes Prozent mehr an Euro-Inflation koste das deutsche Geldvermögen so um die 50 Milliarden, der macht sich keine Freunde. Selbst Wirtschaftswissenschaftler sagen es möglichst leise.

Für die Politiker stellt die Euro-Einführung hingegen eine elegante Lösung der Entschuldung dar: Sie können sich fortan hinter den komplexen Mechanismen des Euro verstecken und damit alles erklären: Daß die Wirtschaft nicht so läuft wie eigentlich geplant, daß weniger Steuergelder in die Kassen fließen als angenommen, und daß sie schon immer überaus skeptisch gewesen seien. Schneller als wir denken, werden wir den weichen Euro haben.

Die Politiker, die heute noch die Fahne der Geldwertstabilität ("der Euro bleibt so hart wie die D-Mark") vor sich her tragen, werden

Die Bundesbank und einige Notgroschen der Deutschen

Wenn es um Geld geht, hört die Freundschaft auf. Wie ist es da erst mit Gold bestellt! Die Bundesbank hortet den zweitgrößten Goldschatz der Welt - 95 Millionen Unzen Feingold. Diese Goldreserve soll auch nach dem Euro nicht angetastet werden. In den Bilanzen ist der Schatz mit 13,7 Milliarden Mark bewertet, der tatsächliche Marktwert liegt um die 57 Milliarden.

Wie wir uns erinnern, wollte Theo Waigel die Bundesbank nötigen, die Reserven einfach höher zu bewerten und ein paar Milliarden nach Bonn zu überweisen. Die Banker wehrten sich. Im übrigen wird der Goldschatz in Amerika aufbewahrt, weil man früher Angst hatte, die Russen würden kommen und alles klauen.

Die Bundesbank hält auch Dollar-Reserven in beträchtlichem Umfang. Auch die werden in den Bilanzen nicht zum aktuellen Kurs, sondern viel niedriger bewertet. Mit einem kleinen Ausrutscher: 1997 erzielte die Bundesbank einen Rekordgewinn von 23,5 Milliarden Mark und überwies 7 Milliarden nach Bonn, zur Tilgung von Schulden des Bundes und zur Stopfung von Haushaltslöchern.

Dem Vernehmen nach resultierte der Hauptanteil des Gewinns aus einer Höherbewertung der Dollar-Reserven.

uns dann mit gleicher Inbrunst die Vorteile einer weichen Währung verkaufen: Bessere Exportchancen der europäischen Industrie auf den internationalen Märkten - das wiederum sichert nachhaltig Arbeitsplätze zu Hause, werden sie in spätestens zehn Jahren sagen.

Dann ist Euroland abgebrannt, und keiner will`s gewesen sein.

Der Start: Die Euro-Optimisten jubeln

Beinahe reibungslos und streng nach Drehbuch vollzog sich zum 1.1.1999 der Start des Euro in der Finanzwelt: Der größere Teil Europas rechnet seitdem nicht mehr in nationalen Währungen, sondern in Euro. Und schon werden Stimmen laut, man möge doch auch das "richtige" Geld möglichst rasch vor dem geplanten Termin 2002 einführen, der Verbraucher sei ganz heiß auf die neuen Scheine und Münzen.

Soweit ist es jedoch noch nicht. Es bleibt dabei, daß vorerst nur die Finanzinstitutionen ihre Trockenübungen in Euro veranstalten. Das Publikum wird unterdes von den Medien, vor allem vom Fernsehen, scheibchenweise mit dem Euro vertraut gemacht: "Der Kurs des Euro gegenüber dem Dollar beträgt heute...." Es folgt irgendeine Zahl, die dem Zuschauer nichts sagt. Es sei denn, er hätte den Umrechnungskurs DM/Euro im Kopf oder im Taschenrechner eingespeichert und würde - Rechenfehler einmal beiseitegelassen - nun ausrechnen, wie der Dollar zur D-Mark steht. Umständlich, aber es hält die kleinen grauen Zellen im Gehirn in Übung.

Der Abschied von gewohnten Umrechnungsgrößen ist für viele mühsam - und das wird wohl auch noch eine ganze Weile so bleiben. Gewöhnungsbedürftig ist auch, daß der Rücktritt eines deutschen Finanzministers den Euro-Kurswert stärkt, wenn auch nur vorübergehend. Wir werden uns noch an vieles gewöhnen müssen...

Die Zukunft der Rente:

Die Kernfrage lautet: Wem können Sie in Punkto Rente vertrauen?

Wem vertrauen Sie in Finanzfragen überhaupt nicht? Der Filmemacher Hark Bohm ("Nordsee ist Mordsee") antwortete in einem Fragebogen der Zeitschrift "Geld-Idee" kurz und knapp: *"Der jeweiligen Regierung."*

Ich wollte, Sie machen sich diese Einstellung zu eigen. Ihr Mißtrauen kann gar nicht groß genug sein! Einige der Gründe, die ich dafür anführe:

Regierungen versprechen ihren Wählern vor der Wahl stets, einen Elefanten zu erschaffen. Heraus kommt dann nach vielen Pleiten, Pech und Pannen eine winzige Maus. Diese Maus kostet freilich tausendmal soviel wie ein einziger Elefant. Das macht aber weiter nichts, weil die Steuerzahler es berappen müssen Verwunderlich an diesem Vorgang ist, daß dieser Mechanismus auch immer wieder auf verblüffende Weise umgekehrt funktioniert. Gibt eine Behörde eine billige Maus in Auftrag, wird am Ende stets ein teuer Elefant daraus. Aber auch das macht nichts: Der Steuerzahler steht ebenfalls dafür gerade. Jedenfalls: Wenn eine Regierung ankündigt, eine Steuer-, Renten- und Währungsreform durchzuführen, dann halten Sie Ihr Geld fest! Stets werden Ihnen Vorteile versprochen, auch sollen Sie am Ende mehr Geld in der Tasche haben. Auf eigenartige Weise kommt es jedoch nie dazu. Vielleicht schaufelt Ihnen die jeweilige Reform tatsächlich ein paar Mark mehr in die Taschen. Sie werden aber schnell merken, daß Sie auf der anderen Seite mehr ausgeben müssen. Das Benzin wird teurer, ebenso die kommunalen Gebühren, die Fahrkarte und so weiter. Die Erklärung für dieses Phänomen heißt Gegenfinanzierung. Was unter großem Trara in die eine Tasche geschoben wird, wird klammheimlich aus der anderen mit einem entschlossenen Griff herausgezogen. Irgendwer muß schließlich die Reformen bezahlen. Die jeweilige Regierung hat kein eigenes Geld für ihre hochfliegenden Pläne, sie muß sich dieses irgendwoher besorgen. Irgendwoher heißt: Beim Steuerzahler. Hat der nicht genug, wird zusätzlich Geld gepumpt. Das ist insofern famos, weil nicht die Regierung die Zinsen für die Schulden bezahlen muß, sondern der Steuerzahler. Kann der nicht mehr so richtig, zahlen eben seine Kinder und Enkel. Jedes Baby, das heute geboren wird, ist schon beim ersten Atemzug mit mindestens 600.000 Mark beim Staat verschuldet. Das muß später erstmal abgearbeitet werden! Auf den ersten Blick eine einleuchtende Erklärung, warum Kleinkinder so häufig weinen und schreien. Instinktiv scheinen sie erfaßt zu haben, was auf sie zukommen wird.

Zukunftssicherung ist eine langfristige Angelegenheit. Während der Erwerbsphase legen wir Geld beiseite, um unsere Lebensumstände in der Nach-Erwerbsphase einigermaßen sichern zu können. Ob wir in die Rentenkasse einzahlen oder eine private (Zusatz-) Absicherung wählen, ob wir eine Immobilie wählen oder per Investmentfonds die Kapitalmärkte und Börsen einbeziehen - stets sind bei längerfristiger Betrachtung unsere Sicherungspläne in Gefahr. Wie wir in der längsten Friedensperiode im 20. Jahrhundert gesehen haben, bedarf es dazu nicht einmal eines Krieges. Aus einem parteipolitisch neutralem Blickwinkel läßt sich durchaus feststellen, daß es die jeweiligen Regierungen sind, die den größten Einfluß auf unsere Zukunftssicherungsmöglichkeiten ausüben. Dazu einige bittere Überlegungen:

Nichts hält ewig - weder ein Menschenleben noch das gesellschaftliche und wirtschaftliche Umfeld, in dem es abläuft. Die "Rahmenbedingungen" verändern sich stetig. "Spielregeln", die gestern noch gültig waren, können morgen schon überholt sein. Gegenwärtig leben wir im Zeitalter der ständigen Reformen. Sie sind sozusagen institutionalisiert worden: Kaum ist auf einem Gebiet eine Reform zu Ende gebracht worden, beginnen schon die "Reparaturarbeiten" daran, die schnell einen solchen Umfang annehmen, daß die nächste große Reform in Auftrag gegeben werden muß. Stellen Sie sich vor, Sie hätten einen Wasserrohrbruch im Keller und dem Handwerker gelingt es nicht, den Schaden zu beheben. Sie wählen einen anderen, später einen dritten. Jeder hat eine andere Methode, aber keinem gelingt es, die Fluten zu stoppen. Die steigen und steigen, bis Sie schließlich bis zum Hals im Wasser stecken. Das Hauptventil zuzudrehen wagt keiner, denn schließlich braucht man ja Wasser zum Leben.

Seit geraumer Zeit haben wir mehrere solcher Rohrbrüche in unserem Haus. Wobei die größte Gefahr für die Sicherheit unseres Geldes zweifelsohne von der immens hohen Staatsverschuldung ausgeht. So dient der zweitgrößte Einzelposten im Bundeshaushalt allein der Zinszahlung und kaum der Tilgung dieser Schulden, die dadurch immer schneller anwachsen. Was am Ende womöglich stehen kann, ist in zahlreichen Büchern nachzulesen, die zumeist das Wort "Staatsbankrott" im Titel tragen. Vor diesem Super-GAU, der mit einer "echten" Währungsreform einhergehen würde, haben wir alle so große Angst, daß wir unwillkürlich die Verhaltensmuster älterer Mitbürger annehmen: Oma oder Opa, die eine belebte Straße überqueren, blicken beharrlich stets zur falschen Seite - in dem Irrglauben, eine Gefahr, die man nicht sieht (in diesem Fall das heranbrausende Auto), wäre nicht vorhanden.

Also retten wir uns in die Überzeugung, daß Währungsreformen nicht vorkommen oder das Risiko zumindest so gering ist wie das Hochgehen eines Atomkraftwerkes.

Die ewig währenden Steuerreformen stellen dagegen schon eine unmittelbar wirkende Gefahr dar, sie können das Terrain der Altersvorsorge zu einem unübersichtlichen, schwer begehbaren Gelände machen: Staatliche Förderbeiträge zu unterschiedlichen Formen der Vermögensbildung werden selten erhöht, dagegen öfters mal hier und da beschnitten - je nach Kassenlage und ideologischer Ausrichtung der jeweiligen Regierung. Anlageformen, die gestern noch eine berechenbare Rendite brachten, werden morgen (womöglich rückwirkend) geänderten steuerlichen Bedingungen unterworfen. Nicht einmal die klassischen Instrumente der Kapital-Lebensversicherung und des Investmentfonds scheinen in dieser Hinsicht vor dem Zugriff des Staates sicher zu sein.

Aber das zählt zu den berechenbaren Faktoren des Lebens, denn was wir gegenwärtig erleben, hat es unter anderen Regierungen schon vorher gegeben und wird es auch unter kommenden Regierungen geben. Sie erinnern sich: Wir betrachten den Aufbau einer Zukunftssicherung unter langfristigen Gesichtspunkten. In einem solchen Zeitraum werden noch viele Regierungen kommen und gehen.

Wir müssen erkennen: Diesen Regierungen ist stets daran gelegen, ihre finanziellen Probleme möglichst kurzfristig (spätestens bis zum nächsten Wahltermin) zu lösen - das ist nun einmal ein eingebauter Systemfehler in jeder Demokratie. Das Drehen an einer Vielzahl von Steuerschrauben gilt dabei als die simpelste und zugleich effektivste Vorgehensweise. Es gibt niemanden, der nach einer Steuerreform besser gestellt ist. Was ihm womöglich als soziales Geschenk großzügig (oder vom Bundesverfassungsgericht erzwungen) gewährt wird, wird ihm an anderer Stelle wieder abgeknöpft. Wegen der bekannten Gegenfinanzierung. Ähnlich verhält es sich in den Sektoren Gesundheits- und Rentenreform. Die Zeitabschnitte zwischen den Reformen werden in einem atemberaubenden Tempo immer kürzer - ein deutliches Zeichen dafür, daß die Probleme immer größer und die Lösungsmöglichkeiten immer diffiziler werden. Und offenbar auch ein Zeichen dafür, daß stets nur repariert statt wirklich reformiert wird.

Im Bereich der Steuern ist das Spiel jeweiliger Regierungen einigermaßen durchsichtig, siehe Beispiel Mehrwertsteuer. Diese wurde erhöht, um eine eigentlich anstehende Erhöhung der Rentenkassenbeiträge abzufangen. Auch bei der Ökosteuer geht es zunächst weniger um Umwelt, Energiesparen oder Förderung neuer Technologien, wie man aufgrund des Namens meinen sollte, sondern schlicht um Stopfen von Haushaltslöchern bzw. Gegenfinanzierung anderer Posten. Ein griffiger Name verkauft das Produkt halt besser. Bei den Renten wird`s schon undurchsichtiger - man kann sich sehr wirksam hinter versicherungsmathematischen Formeln verstecken. So hatte die vorletzte der jeweiligen Regierungen geplant, in die Formel für die Errechnung der Rentenleistung einen "demographischen Faktor" einzufügen. Was sich in letzter Konsequenz dahinter verbirgt, kann mit einfachen Worten vermittelt werden: Steigt die Zahl der Esser, müssen die Kuchenstücke **kleiner** werden. In dieser Deutlichkeit mag es freilich kein Politiker sagen.

Die neue Regierung hat diesen Ansatz (und insgesamt die für 1999 geplante Rentenreform) gestoppt und sich Bedenkzeit für eine eigene Rentenreform erbeten. Bevor das Nachdenken über gutgemeinte Pläne einer "Rente mit 60" richtig in Gang kam, sorgte das Bundesverfassungsgericht mit einer steuerlichen Besserstellungsentscheidung für Familien für neuen Trouble. Denn durch die steuerlichen Vergünstigungen erhöhen sich - technisch gesehen - die Nettolöhne. An deren Entwicklung sind aber zugleich die Rentenleistungen gebunden. Haben die Arbeitnehmer mehr Geld in der Tasche, erhalten auch die Rentner ein Stückchen mehr. Wer soll das bezahlen, fragte sich der neue amtierende Rentenminister und fand eine Antwort: Die Rentenerhöhungen werden wieder von der Nettolohnentwicklung abgekoppelt. Zumindest sollte man diesen Vorschlag "in Frage stellen", meinte er nach den ersten aufgeregten Reaktionen. Alsdann wurden andere Varianten ventiliert: Hohe Renten könnten doch geringer steigen als die niedrigen, das wäre überdies sogar ein Stück sozialer Gerechtigkeit.

Schon an früherer Stelle habe ich gesagt: Die gesetzliche Rentenversicherung segelt unter **falscher Flagge**. Sie funktioniert nicht nach versicherungstechnischen Prinzipien, sondern eher wie eine Kettenbriefveranstaltung, lebt also von der Hand in den Mund und schüttet obendrein noch "versicherungsfremde" Leistungen an diese und jene Gruppen aus, die nichts mit einer "Rentenversicherung" zu tun haben. Das Geld wird im Prinzip monatlich eingesammelt und gleich wieder verteilt. Weil die Summe der eingesammelten Beiträge nicht mehr reicht, ist schon längst jeder Steuerzahler in dieses Spiel involviert. Aber vor allem: Die Rente ist längst zum Spielball der Politik geworden und hat mit Sicherheit und Verläßlichkeit nichts mehr zu tun. Es hat also durchaus seine Berechtigung, der jeweiligen Regierung zu mißtrauen.

Das wahre Dilemma des Staatsbürgers liegt aber darin, daß er auch von der nächsten oder übernächsten jeweiligen Regierung wenig Sicherheit in der Rentenfrage erwarten kann.

Nicht, daß ich den jeweiligen Regierungen eine gewisse Ernsthaftigkeit bei der Lösung der Rentenprobleme in Abrede stellen möchte. Aber zwischen Wollen und Können liegen scheinbar unüberwindbare Barrieren. Ich nenne nur zwei: Eine Gesetzgebung die auf Wahrung der Besitzstände und sozialen Ausgleich ausgerichtet ist und das Zittern vor der nächsten Wahl bei den Politikern haben bislang eine Grundsanierung des Rentensystems verhindert. Weiterhin geht man eingetretene Pfade, vermeidet möglichst den Blick in die Abgründe, die sich links und rechts des

Weges auftun und versucht, absturzgefährdete Stellen durch hastige Reparaturen wieder etwas sicherer zu machen. Neue Wege einzuschlagen, steht offenbar erst dann zur Debatte, wenn der ganze Hang abgerutscht, die Katastrophe also eingetreten ist.

Die einzig denkbare Alternative der Zukunftssicherung besteht im Aufbau einer eigenen, privaten Rentenkasse: Heute schon an morgen denken, regelmäßig etwas beiseitelegen. Geld, das Ihnen gehört, das Erträge erwirtschaftet und das Ihnen keine jeweilige Regierung einfach wegnehmen kann! Wohin genau die Reise mit Euro und Rente in den ersten Jahren des kommenden Jahrhunderts gehen wird, ist höchst ungewiß. Wir sind in unsichere Zeiten geworfen. Daher empfehle ich dringend, einen "Reiseproviant" in Gestalt einer privaten Zukunftsvorsorge mit auf den Weg zu nehmen!

Nehmen wir an, Sie sind an Bord eines Kreuzfahrtschiffes. Das Schiff hat Schlagseite, durch Löcher im Rumpf strömen immer größere Wassermengen. Die Schiffsführung versichert alle zwei Minuten per Lautsprecherdurchsage: "Es besteht kein Grund zur Aufregung".

Wem vertrauen Sie? Ich vermute stark, daß Sie sich auf sich selbst und Ihren Menschenverstand verlassen und sich sofort nach einem Rettungsring umsehen. Um so zu handeln, braucht man nicht einmal im Kino ("Titanic") gewesen zu sein.

Der Aufbau einer privaten Zukunftssicherung kann Ihr Rettungsring in turbulenten Zeiten werden, die vor uns liegen!

3. Abschnitt: Was tun?

Viele Menschen machen sich erst Gedanken um ihre Altersversorgung, wenn es bereits zu spät ist. Die Folge sind oft dramatische Abstriche an der Lebensqualität des Einzelnen.

Private Vorsorge steht daher plötzlich hoch im Kurs, aber wie und wovon soll sie bezahlt werden? Schließlich bedeutet Sparen für die Zukunft einen Konsumverzicht in der Gegenwart, und das fällt gar manchem schwer. Dennoch führt kein Weg daran vorbei, denn auf staatliche Leistungen wird immer weniger Verlaß sein.

Was aber tun? Dieser Abschnitt soll Ihr Bewußtsein für die Eigenverantwortlichkeit schärfen und Denkanstöße für den Aufbau einer eigenen Altersvorsorge liefern - mehr nicht. Denn allgemeingültige Patentrezepte gibt es nicht, der Durchschnittsbürger ist auf individuelle Beratung angewiesen. Banken, Versicherungen, Investmentfondsgesellschaften konkurrieren heftig auf diesem Feld. Der Anhang stellt Ihnen kurz und kritisch die gebräuchlichsten Instrumente der Altersvorge vor.

Handeln müssen Sie aber selbst, und wenn Sie früh genug anfangen, können Sie auch mit kleinen Beträgen den Grundstein für ein relativ sorgenfreies Leben nach der Erwerbsphase legen!

Anhang:

Wege zur Erhaltung der Lebensqualität im Alter

Der Rentenexperte Claus Jaeger erkannte schon vor einem Jahrzehnt, daß die Menschen in dreifacher Hinsicht eigenartige Wesen sind:

Erstens: Alle glauben bzw. hoffen, daß sie sehr alt werden.

Zweitens: Zumindest die Mehrzahl von ihnen hat - gegenwärtige Verhältnisse unterstellt - eine zu geringe Altersversorgung, mit der Konsequenz, daß sie im Alter eine erhebliche Einbuße an ihrem Lebensstandard hinnehmen müssen.

Drittens: Jeder von ihnen wird im Alter bedauern, nicht besser vorgesorgt zu haben, obwohl dies möglich gewesen wäre.

Erkennen Sie sich wieder? Dann sieht es möglicherweise nicht rosig um Sie aus. Sie sind Mitte 50 und mit einer Generation von Politikern aufgewachsen, die ihnen von jung auf unterschwellig vermittelt haben, der Staat werde es schon richten, wenn Sie eines Tages eine Rente benötigen. Deshalb haben Sie sich nie sonderlich Gedanken darüber gemacht, daß und wieviel Geld Sie nach der Erwerbsphase benötigen würden. Das war ja noch weit weg, und wer beschäftigt sich in jungen Jahren schon mit dem Thema? Vielleicht ist Ihnen in früheren Jahren ein Versicherungsagent oder Finanzberater über den Weg gelaufen und hat Sie zum Abschluß einer Lebensversicherung von 50.000 oder gar 100.000 Mark "überredet", so daß Sie später einmal ungefähr den doppelten Betrag zu erwarten haben. Viel Geld, aber Sie erkennen nun: Es wird für`s Alter nicht reichen, denn Sie möchten Ihren Lebensstil möglichst nicht einschränken. Was können Sie, kurz vor Toresschluß, noch tun? Mallorca fällt Ihnen vielleicht ein, aber das ist schon ausverkauft...

Eines Tages sind Sie 80, nehmen Abführtabletten, sind ansonsten aber kerngesund und voller Tatendrang. Seit 10 oder 20 Jahren haben Sie entdeckt, was für ein kostbares Geschenk die Zeit ist: Es gäbe noch so viel zu tun und zu entdecken.! Aber Ihre Mittel sind leider begrenzt, die Rente reicht gerade so, Sie haben gelernt, sich zu bescheiden. Gerade hören Sie im Radio, daß die Regierung plant, pro Jahr 200.000 mittellose Rentner nach Sansibar zu schaffen. Man hat im Gegenzug die Insel Helgoland an die Briten zurückgetauscht, mit der Auflage, daß auch England pro Jahr eine bestimmte Rentnerquote auf Sansibar "endlagern" kann. Das sorgt für internationales Flair im neuen Domizil! Der Rentenminister wird die Neuankömmlinge in Sansibar persönlich begrüßen und ihnen viel Glück in der neuen Heimat wünschen. Die vom Sozialamt in Deutschland bisher gewährte Heizungskostenbeilage soll gestrichen werden, da durchgängig warmes Klima herrscht. Man erwartet Einsparungen in Miliardenhöhe...

Die Situation ist so ernst, daß niemand diese Fiktion für übertrieben halten sollte. Viele Zeitgenossen erkennen den Ernst der Lage nicht, weil sie das Bild der gegenwärtigen Rentner vor Augen haben, denen es, wie eingangs geschildert, im Durchschnitt gesehen so gut geht wie keiner anderen Rentnergeneration in Deutschland in diesem Jahrhundert. Freilich ist nicht nur das Jahrhundert am Ende, sondern auch das Rentensystem. Die zukünftigen Rentner werden es schneller erkennen, als ihnen lieb ist. Ich hoffe, daß aus den vorangegangenen Abschnitten von Rente und Euro eines vermittelt werden konnte:

Nichts wird mehr so wie früher sein!

Früher konnte man mit der staatlichen Rente und einer Zusatzrentenversicherung die gewohnte Lebensqualität in in etwa aufrecht erhalten. Die Zusatzversicherung bestand entweder aus privater Vorsorge oder aus einer Betriebsrente.

In Zukunft (also praktisch heute schon) wird die gesetzliche Rente immer mehr den Charakter einer Zusatzversicherung annehmen. Für den Hauptteil der Versorgung im Alter werden Sie selbst sorgen müssen! Die Situation beginnt sich umzukehren!

Eine finanzielle Sanierung des heutigen Rentensystems ist völlig ausgeschlossen - zu groß ist einfach die Zahl zukünftiger Rentner. Den "alten" Rentenbeziehern wird man ihre Ansprüche durch Steuern oder "Solidaritätsabgaben" möglicherweise ein wenig verwässern, doch bis zu ihrem Ableben werden sie ihre Ansprüche im Prinzip behalten müssen (noch leben wir in einem Rechtsstaat). Also muß bei den "neuen" Rentnern (ab heute!!!) gespart bzw. ausgeglichen werden.

Die übrigen Sozialkassen, aus denen in der Vergangenheit Mittel hin- und hergeschoben wurden, führen ebenfalls einen Existenzkampf, siehe Kranken- und Arbeitslosigkeitsversicherung. Demnächst wird sich die Pflegeversicherung dazugesellen. Das Fazit aus dieser verhängnisvollen Entwicklung: Wir müssen unsere Altersversorgung selbst in die Hand nehmen. Schon höre ich Sie antworten: Das alles leuchtet mir ja durchaus ein, aber bitteschön,

Kleinvieh macht auch Mist...

Eine alte Bauernweisheit besagt, daß Kleinvieh auch Mist macht. Im Geldbereich ist es nicht anders. Aus kleinen Beträgen, regelmäßig angelegt, können im Laufe der Zeit erkleckliche Summen werden. Die nachfolgenden Zahlen sind über eine Zeitspanne von 35 Jahren auf der Basis heutiger Prämissen errechnet, können also nur Anhaltswerte vermitteln bzw. Relationen aufzeigen!

Aus 100 Mark monatlich können werden:
Banksparplan	124.000
Offener Immo-Fonds	141.000
Lebensversicherung	154.000
Pensionsfonds	265.000

Aus 250 Mark monatlich können werden:
Banksparplan	310.000
Offener Immo-Fonds	353.000
Lebensversicherung	385.000
Pensionsfonds	663.000

Aus 500 Mark monatlich können werden:
Banksparplan	619.000
Offener Immo-Fonds	706.000
Lebensversicherung	770.000
Pensionsfonds	1.326.000

Hinter den Pensionsfands steht ein besonderes Fragzeichen: Diese Finanzprodukte erlebten erst 1999 ihre Premiere.

woher soll ich die Mittel nehmen? Was nach Abzug der Steuer- und Sozialabzüge übrig bleibt, reicht mir gerade zum Leben!

Als Antwort fällt mit impulsiv ein: Wählen Sie andere Politiker! Solche, die die Steuern senken und die übrigen Abgaben begrenzen, so daß etwas übrig bleibt, um eine eigene Altersvorsorge aufzubauen. Wählen Sie solche Politiker, die Ihnen über den Stand Ihrer persönlichen Altersvorsorge reinen Wein einschenken! Aber eine solche Antwort wäre zu billig, die wahre Welt funktioniert anders. Und außerdem würden Sie bestimmt als nächstes fragen: Wo gibt es diese Politiker? Ich käme in Verlegenheit...

Eine ernsthafte und brauchbare Antwort will ich Ihnen aber liefern, sonst hätte ich dieses Buch nicht geschrieben: Schränken Sie sich ein wenig in Ihren Gegenwartsbedürfnissen ein! Sparen Sie und legen Sie das Geld an. Leisten Sie sich heute ein wenig Konsumverzicht, um sich später einiges mehr gönnen zu können.

Selbst auf die Gefahr hin, wie ein amerikanischer Wanderprediger zu klingen, will ich Ihnen sagen: Der Tag wird kommen, da Sie sich maßlos ärgern werden, in früheren Jahren nicht mehr für Ihr Leben nach dem Arbeitsleben getan zu haben! Wenn man nur früh genug anfängt, läßt sich nämlich im Laufe der Zeit auch mit kleinen Beträgen ein beträchtliches Vermögen anhäufen.

Mir ist bewußt, daß dieser Ratschlag so klingt, als ob er einer verstaubten Kiste entnommen sei, die unsere Großeltern dereinst auf dem Dachboden gelagert haben. Aber es ist nun einmal so, daß es einige ewige Wahrheiten auf dieser Welt gibt: Niemand schenkt einem etwas. Was man erreichen will, muß daher aus eigener Kraft geschehen, um wirkliche Sicherheit bieten zu können!

Sicher sind wir uns darüber einig, daß Sie etwas für Ihre Lebensqualität im Alter tun wollen. Sie mögen keine konkrete Vorstellung haben, welche Interessen und finanziellen Bedürfnisse Sie später haben werden, aber Sie wissen oder ahnen, daß man Geld zum erfüllten Leben braucht, auch wenn man später keines mehr verdient.

Bitte führen Sie sich vor Augen: Eine gezielte Geldanlage für den Aufbau einer eigenen Altersversorgung unterliegt anderen Prinzipien als etwa Aktienspekulation samt schneller Mitnahme von Gewinnen an der Börse. Eines dieser Prinzipien ist das der Langfristigkeit. Stein auf Stein bzw. Schein auf Schein ergibt am Ende ein solides Geld-Haus. Und: Je früher Sie mit dem Bau beginnen, desto komfortabler wird das Gebäude. Über einen längeren Zeitraum gesehen, können Ihnen dann auch vorübergehende Schlechtwetterperioden nichts anhaben.

Ein weiteres Prinzip ist die größtmögliche Sicherheit des gesparten bzw. "geparkten" Geldes. Darunter sind zwei Dinge zu verstehen: Zum einen darf ihr Geld nicht in einem unsicheren Objekt oder Projekt stecken, und zum anderen soll Ihr Geld, wenn Sie es nach dem Arbeitsleben benötigen, möglichst nichts von seinem Wert verloren haben, es muß also weitgehend inflationssicher angelegt sein.

Letzteren Gedanken muß ich hervorheben, weil viele Menschen annehmen, ein Betrag X würde für ihr Leben im Alter schon ausreichen. Dabei kalkulieren sie aber mit den Preisen von heute und vergessen, daß in 20 Jahren nicht nur ein Brötchen, sondern alle anderen Dinge des Lebens erheblich im Preis gestiegen sein werden. Das kann man unter Annahme verschiedener Inflationsraten ausrechnen oder, was aufs gleiche hinausläuft, als schlichte Lebenserfahrung abhaken. Geld "verdunstet", wenn Sie es über längere Zeiträume zu Hause unter der Matratze verstecken!

Solange wir die D-Mark hatten, war dieser Gesichtspunkt - in Relation zu den kommenden Zeiten - einigermaßen unproblematisch, weil die Bundesbank nie ihre Linie der Geldwertstabilität verlassen und die Inflationsrate so niedrig wie möglich gehalten hat. Mit der Einführung einer Einheitswährung für Europa muß dieser Aspekt jedoch unter anderen Vorzeichen bewertet werden. Hinter der zukünftigen Geldwertstabilität, davon habe ich Sie hoffentlich auf den vorangegangenen Seiten überzeugt, stehen viele und sehr große Fragezeichen!

Die beschriebenen Ziele unter einen Hut zu bringen, ist zugegebenermaßen nicht einfach und läßt sich für den Einzelnen nicht in Form von Patentrezepten abhandeln. Individuelle Beratung ist vonnöten. Man schätzt, daß nur 15 Prozent der Menschen in der Lage sind, selbständig Strategien zur Anlage und Sicherung ihres Geldes zu verfolgen. Das würde bedeuten: 85 Prozent der Bundesbürger zählen zur Gruppe der sicherheitsorienterten und passiven Sparer und Geldanleger. Sie überlassen das Managen ihrer Gelder Organisationen und Institutionen, die aus irgendeinem Grund ihr Vertrauen erworben haben. Ihre Informationen in Gelddingen beziehen sie hauptsächlich von ihrer Bank, aus den Medien, von Versicherungsvertreten und Finanzberatern. Mancher wird gut beraten, andere weniger. Die unterschiedliche Qualität der Beratung bzw. die Ursachen dafür wären ein endloses Thema. Viel hängt daher von Ihrer eigenen Urteilskraft ab! Was ich Ihnen dazu mit auf den Weg geben kann, sind Beschreibungen nebst kritische Anmerkungen zu den verbreitesten Instrumenten der Altersvorsorge in Deutschland.

Sicher können Sie sich ein eigenes Urteil bilden, was für Sie in Frage kommt. Als junger Mensch haben Sie die Auswahl und können vor allem auf die sichersten Anlagen setzen. Sind Sie schon 50 oder 55, müssen Sie im Grunde ein höheres Anlagerisiko in Kauf nehmen, wenn Sie noch eine brauchbare Zusatzrente aufbauen wollen. Wichtig ist vor allem, daß Sie immer den langfristigen Charakter der Altersvorsorge im Auge behalten. In unserer schnellebigen Zeit, in der Autos höchstens zehn Jahre halten und manche Ehen viel kürzer, gehört schon einiges an innerer Stand-

Was aus nur fünf Mark täglich werden kann...

Eine kurze Motivationsüberlegung kann ich mir nicht verkneifen. Nehmen wir an, Sie sind 30 und rauchen jeden Tag eine Schachtel Zigaretten, obwohl Sie damit Ihre Lebenserwartung herabsetzen oder sich gesundheitliche Komplikationen einfangen können. Nun kommt jemand daher und sagt Ihnen: Ich biete 400.000 Mark, wenn Sie sofort mit dem Rauchen aufhören! Ich bin überzeugt, von 100 Menschen würden 99 das Angebot auf der Stelle annehmen, egal wie schwer es ihnen anfangs fallen mag, das Rauchen aufzugeben!

Wenn Sie die täglich gesparten fünf Mark monatlich anlegen, also 150 Mark, können Sie mit 65 die genannte Summe nach menschlichem Ermessen tatsächlich vereinnahmen. Das ist doch ein Angebot, das man gar nicht abschlagen kann. Und neben dem finanziellen Gewinn haben Sie mit Sicherheit noch einen gesundheitlichen!

Kommen Sie mir jetzt nicht mit dem Argument, Sie seien ohnehin Nichtraucher! Das Beispiel soll schließlich nur die Hebelwirkung zeigen, die in scheinbar geringen Beträgen in Verbindung mit der Zeit verborgen liegt. Sicher können Sie im Durchschnitt auf etwas anderes verzichten, was sich in Ihrem Alltag kaum bemerkbar macht. Fünf Mark am Tag eingespart - und Sie haben ein ansehnliches Zubrot zur staatlichen Rente! Das bedeutet mehr Lebensqualität für Sie im Alter.

festigkeit dazu, das Ziel unbeirrt zu verfolgen. Das gilt insbesondere für das, was trocken-nüchtern "Sparvorgang" genannt wird, aber letztlich für jeden ein Stück Konsumverzicht in der Gegenart bedeutet. Richten Sie es so ein, daß dieser "Verzichts-Anteil" anfangs nicht zu hoch ist. Entsprechend gering werden im Laufe der Jahre die Versuchungen sein, den "Sparvorgang" abzubrechen. Und: Klopfen Sie sich alle paar Jahre voller Selbstlob selbst auf die Schulter. Das haben Sie dann verdient!

Anhang:
Die gebräuchlichsten Formen der privaten Altersvorsorge

Derzeit kämpfen - vom jährlichen Mittelzufluß betrachtet - in der Hauptsache zwei unterschiedliche Lager um die Gunst des Anlagepublikums: Lebensversicherungen und Investmentfonds. Beide sind zwar neuerdings von steuerlichen Begehrlichkeiten des Staates bedroht, stellen aber neben der selbstgenutzen oder vermieteten Immobilie weiterhin die beliebtesten Altersicherungen dar.

Entscheidend werden immer die Lebensumstände und die Risikobereitschaft desjenigen bleiben, der sich mit Hilfe dieser Instrumente eine eigene Zukunftsvorsorge aufbauen will. Die nachfolgenden Ausführungen sollen Ihnen Entscheidungshilfe geben.

Kapital-Lebensversicherungen:

Wie sicher sind Lebensversicherungen als Kapitalanlage?

"Das Sicherheitsbedürfnis der Deutschen ist wahrscheinlich genetisch bedingt", spottete - mit Blick auf das schier unerschöpfliche Versicherungsangebot - unlängst eine Tageszeitung. Tatsächlich ist nicht zu leugnen, daß es bei uns allein an die 80 Millionen Lebensversicherungsverträge gibt. Statistisch gesehen hat also jeder Deutsche eine Lebensversicherung. Offenbar benötigen wir dieses Finanzprodukt so notwendig wie die Luft zum Atmen. Ob man aus ihrer Beliebtheit schließen kann, daß eine Lebensversicherung das Optimum der privaten Altersvorsorge darstellt, bleibt indes bei einer kritischen Betrachtung fraglich. Beginnen wir:

Millionen Deutsche verwetten nicht ihr letztes Hemd, sondern ihr nacktes Leben! Sie rennen zu einem Buchmacher und teilen ihm treuherzig mit: "Ich wette mit Ihnen, daß ich demnächst sterbe!" "Ich halte dagegen", antwortet der Buchmacher kühl. Schnell wird man sich auf einen merkwürdigen Handel einig: Der Wetter zahlt als Einsatz eine bescheidene Prämie, die verloren ist, wenn er innerhalb der angegebenen Zeit doch nicht stirbt. Der Buchmacher hingegen verspricht, auf einen Schlag 100.000 Mark/Euro oder auch eine Million zu zahlen, sollte er die Wette verlieren. Ein glänzendes Geschäft für den Buchmacher. Schlau, wie diese Leute nun einmal sind, bewahrt er nämlich im Hinterstübchen sogenannte Sterbetafeln auf - Statistiken, wie häufig in Deutschland gestorben wird, sortiert nach Altersgruppen und anderen Details, handlich umgerechnet auf je 1000 Einwohner. Dementsprechend hat er die Wetteinsätze kalkuliert. Er kann gar nicht verlieren.

Was die Menschen zu Millionen zu diesen "Buchmachern des Todes" treibt, ist klar: Bei geringem Wetteinsatz winkt ein überproportionaler Gewinn. Die Buchmacher haben aber schnell gemerkt, daß das Geschäft noch optimierungsbedürftig war: Die Wetter, die ihre Wette gewannen, hatten sich zwar nie beklagt, außerdem waren sie tot. Viele andere Kunden aber ärgerten sich nach Ablauf der Zeit maßlos, daß sie nicht gestorben und somit ihre Einsätze verloren waren. Manche Leute sind eben schlechte Verlierer.

Die brillante Idee war nun: Lieber Wetter, der Deal gilt weiterhin, aber du zahlst jetzt eine wesentlich höhere Prämie. Auch wenn du die Wette nach Ablauf der vereinbarten Frist verlierst, zahlen wir dir einen Haufen Geld zurück. Dann freust du dich doppelt! Das war die Geburt der Kapitallebensversicherung, im Unterschied von der zuerst beschriebenen Risiko-Lebensversicherung.

Sie haben es längst bemerkt, die Rede ist vom Wettcharakter der Lebensversicherung, der vielen Menschen verborgen bleibt. Sprachlich korrekt müßte es außerdem eigentlich Todesversicherung heißen. Eigenartigerweise aber kommt der Todesfall auf den Policen nur im Kleingedruckten vor. Wer würde auch schon gern mit einem Unternehmen zu tun haben wollen, von dessen Zentrale Leuchtbuchstaben verkünden: "Hamburg-Frankfurter

Tod"? "Pfefferminzia Leben" dagegen hört sich ungemein verkaufsfördernder an!

So, wie die Lebensversicherer die Geschäftsgrundlage sprachlich auf eine verkaufsfördernde Schiene hingebogen haben, so haben sie es auch geschickt verstanden, um ihre Tätigkeit den Mantel einer sozialpolitisch höchst wichtigen Aufgabe zu breiten: Wer, bitteschön, kauft denn die Masse der Pfandbriefe und Kommunalobligationen, wer leiht dem Finanzminister dringend benötigtes Geld? Rund 86 Prozent ihres Kapitals legen die Unternehmen in deutschen Rentenpapieren an. Ja, ohne die Lebensversicherer wäre kein Staat zu machen! Diese heimliche Komplizenschaft honorierte der Staat bislang mit dem Steuerprivileg: Kapitalerträge aus Lebensversicherungen sind steuerfrei. Dahinter steht ein Fragezeichen: Wie lange noch?

Allerdings ist das nicht das einzige und nicht das größte Fragezeichen, das bei näherer Betrachtung hinter der Lebensversicherung und ihrem Ableger Rentenversicherung steht. Wie wir noch sehen werden, bereiten Euro und das Rentner-Problem auch den privaten Versicherungen erhebliche Probleme.

Fragezeichen: Euro

"Die Policen bzw. Guthaben werden einfach auf Euro umgestellt, für den Kunden ändert sich nichts". Diese verharmlosende Sprachregelung - Ihnen mittlerweile bekannt - ist weit von der Wahrheit entfernt. Große Probleme erwachsen den Versicherern - und damit den Versicherten - vor allem aus einem weichen Euro mit Anstieg des Zinsniveaus - eine Entwicklung, die viele Experten für unausweichlich halten, da die neue Währung auf den internationalen Kapitalmärkten gar nicht anders durchsetzbar sein würde.

Die Lebensversicherer werden dann vermeintlich hohe Renditen erzielen - aber die schwindende Kaufkraft verringert in Wahrheit

Auf Nummer sicher...

Wie legen Lebensversicherer die eingehenden Gelder an, um ihre Garantieverzinsung von derzeit vier Prozent zu sichern?

Der Löwenanteil von 75,1 Prozent wandert in verzinsliche Anlagen. Der Gesetzgeber verlangt einen Anteil von mindestens 70 Prozent. In Zahlen: Fast 700 Miliarden Mark.

17,4 Prozent der Gelder sind in Aktien- und Investmentanteile angelegt. In Zahlen: Rund 145 Milliarden.

Beteiligungen (z.B. an Banken) schlagen mit 3,8 Prozent zu Buche. In Zahlen: Rund 32 Milliarden.

In Immobilien sind 3,7 Prozent der Gelder angelegt. In Zahlen: Rund 31 Milliarden.

Insgesamt waren so Ende 1997 rund 834 Milliarden Mark angelegt, nach Feststellung des Bundesaufsichtsamtes für das Versicherungswesen.

Zu beachten ist: Es sind Gesamt- und damit Durchschnittszahlen. Innerhalb der ca. 120 Lebensversicherer gibt es durchaus Unternehmen, die eine andere prozentuale Verteilung der einzelnen Sparten aufweisen - abhängig von der Geschäftspolitik.

das Alterspolster. Viele Versicherer sitzen heute auf niedrig verzinsten Papieren, die bei steigendem Zinsniveau an Attraktivität und Wert verlieren, andere haben kaum nennenswerte Sachwerte in ihrer Schatulle, deren Wertzuwachs für einen Ausgleich sorgen könnte.

Fragezeichen: Mangelnde Transparenz

Damit kommen wir zu einem wichtigen Punkt: Eine Lebensversicherung ist keineswegs das einfache Finanzprodukt, als das sie gerne immer wieder hingestellt wird. Der bloße Umstand, daß ein Bundesaufsichtsamt mehr oder minder strengüber die Lebensversicherungsindustrie wacht, wird zwar häufig als eine Art Gütesiegel gewertet, bedeutet aber in der Praxis nicht viel: Jedes Unternehmen wirtschaftet, so gut es kann. Den Versicherten kommen so höchst unterschiedliche Erträge zugute. Und ein normaler Kunde kann kaum erkennen, ob er bei einem guten oder weniger guten Lebensversicherer gelandet ist. Die Bewertungslisten in zahlreichen Medien verwirren eher, als daß sie eine Sicherheit bieten, denn alle messen mit höchst unterschiedlichen Bewertungskriterien.

Ein Grundübel der weitverbreiteten KLV ist deren mangelnde Transparenz. Eigenartigerweise wehren sich die Unternehmen hartnäckig, ihre Kalkulationen offenzulegen. Wer sein Geld mittels einer KLV anlegt, erfährt nicht, wie hoch der Risikoanteil seiner Prämie ist, wie hoch die Verwaltungskosten sind und welcher Betrag tatsächlich für die Kapitalanlage übrig bleibt. Das "Handelsblatt" hat die KLV einmal so charakterisiert: "Die Kombination (aus Sparvorgang und Risikoschutz) ist zugleich **dubios und bequem**. Dubios deshalb, weil der Kunde nicht so recht weiß, wieviel er nun spart und wieviel er für Risiko und Kosten zahlt. Bequem deshalb, weil es nur eine Unterschrift zu leisten gilt, und dann hat man zwanzig bis dreißig Jahre Ruhe". Die Lebensversicherer meinen, zu viele Einzelheiten würden ihre Kunden nur verwirren. In gewisser Weise haben sie recht, es geht niemanden etwas an, wie das Unternehmen intern kalkuliert. Denn der Lebensversicherer handelt keineswegs als eine Art Treuhänder der eingezahlten Beträge - eine Vorstellung, die unterschwellig weitverbreitet ist, bei Juristen dagegen Heiterkeit auslöst. Das Geld, das Sie bei einer KLV einzahlen, ist weg. Es gehört Ihnen nicht länger! Die Manager der Lebensversicherer machen damit sprichwörtlich, was sie wollen.

Stattdessen haben Sie bekanntlich eine Wette bzw. einen Vertrag geschlossen, mit dem Inhalt, daß Ihnen der Lebensversicherer über die Vertragsdauer das eingezahlte Kapitalhöhe - abzüglich des Versicherungsanteils und der Kosten - mit (gegenwärtig) vier Prozent verzinst. Dafür haben Sie eine Garantie, Jahr für Jahr, auch 30 Jahre lang oder länger, über alle Stürme des Lebens bzw. der Finanzmärkte mit hohen und niedrigen Zinsphasen oder Aktienkursen hinweg. Jeder Lebensversicherer muß das Geld beiseite legen, um diese Garantie auch in widrigen Zeiten erfüllen zu können.

Dieser über lange Zeiträume anhaltende Sicherheitsaspekt ist es, der eine KLV für den Einsatz zur Zukunftssicherung interessant macht. Wie ich bereits erwähnt habe, kommt es hierbei mehr auf gleichmäßig eingehende Erträge für Ihr Kapital an als auf mögliche Spitzengewinne heute und ebenso kräftige Verluste morgen. In diesem Punkt hat die KLV unbestreitbare Vorteile. Rechnet man noch die Steuerfreiheit dazu, ergeben sich im Vergleich zu anderen Sicherheits-Vehikeln der Altersvorsorge durchaus akzeptable Renditen, weil obendrein die Überschuß- oder Gewinnbeteiligung hinzukommt..

Die rechnet Ihnen der Versicherungsberater mit glänzenden Augen vor, schon weil sich dann die Gesamterfolgsrechnung der KLV bedeutend verbessert. Die Unternehmen erzielen ja höhere Renditen, als sie Ihnen mit den garantierten vier Prozent ausschütten. Von dem Überschuß geben sie etwas an ihre Kunden ab, was die

Gesamtleistung verbessert. Aber: Diese Gewinnanteile können schwanken oder ganz entfallen - und sie sind nur Versprechungen, unverbindliche Prognosen. In früheren Jahren haben sogar viele Medien Ranglisten der Lebensversicherer erstellt, bei denen die Höhe der Gewinnanteile eine große Rolle spielte. Also haben die Unternehmen vollmundige Versprechungen gemacht, wohl wissend, daß sie diese nicht einzuhalten brauchen. Diesen Unfug haben die Medien mittlerweile abgeschafft und durch anderen ersetzt.

Schwerwiegender ist jedoch ein weiterer Umstand: Viele Lebensversicherer haben ihre Tarife so gestaltet, daß Gewinnausschüttungen erst richtig gegen Ende der Laufzeit zu Buche schlagen. Wer nach kurzer oder auch längerer Zeit seinen LV-Vertrag kündigt, wird mit "peanuts" abgefunden. Und: Es gibt Lebensversicherer, die die vorgesehenen Gewinnanteile in aller Stille über Nacht nach unten korrigiert haben, selbstverständlich ohne die Kunden zu benachrichtigen. Die Kunden merken es nicht oder erst nach 30 Jahren.

Wir sehen: Nur die Kunden, die die lange Zeit der Vertragsdauer durchhalten, kommen in den Genuß von wesentlichen Gewinnanteilen. Und erhalten meist noch einen Schlußbonus. Damit will man die "treuen" Kunden belohnen - ein durchaus gerechtfertigter Gedanke. Wer vorher abspringt, wird eben auf irgendeine Weise bestraft. Andererseits gehen KLV-Verträge schneller in die Brüche als manche Ehe. Durchschnittlich halten sie gerade einmal acht Jahre. Mehr als die Häfte der Kunden beenden ihre Lebensversicherungsverträge vorzeitig. Die Policeninhaber mögen aus ihrer Sicht gute Gründe dafür haben, ein Verlustgeschäft ist es allemal für sie.

Große Massenversicherer ficht das nicht an, ihre Vertriebskolonnen schaufeln immer wieder neue LV-Kunden ins Haus. Das sorgt für heftige Kritik am Geschäftsgebaren der Lebensversicherer, denn für den Kunden ist das ein Minusgeschäft: Von ihren Anfangsbeiträgen haben sie zunächst die Provision für den Berater und die weiteren Abschlußkosten des Versicherers zu bezahlen. Viele erhalten gar kein Geld zurück oder nur Pfennige. Offenkundig werden die Kunden schlecht beraten. Der Hamburger Versicherungsprofessor Michael Adams fordert daher eine entsprechende, auf den Antrag aufgedruckte Warnung, der auf diese Gefahr hinweist - ähnlich wie die Gesundheitswarnung auf den Zigarettenschachteln.

Das alles muß uns nur indirekt interessieren, wenn wir ernsthaft vorhaben, mit einer KLV den Grundstock zur privaten Altersvorsorge legen zu wollen. Aber es zeigt, daß wir uns dreimal fragen müssen, ob dieses Instrument der langfristigen Altersvorsorge für uns wirklich geeignet ist. 20, 30 Jahre sind eine lange Zeit (ich wiederhole mich) - wer kann schon so lange voraussehen? Sollten wir auf diesem langen Weg in die Zukunft einmal überraschend Geld benötigen, ist die KLV nicht unbedingt das Gelbe vom Ei. Andererseits hat sie durch ihre Vertragsgestaltung eine gewisse erzieherische Wirkung. Kündigen wir vorzeitig, verlieren wir viel Geld. Halten wir im Gegensatz zur Mehrzahl der Policeninhaber die Laufzeit durch, gibt es richtig Geld. Nur: Die Erfahrungswerte zeigen eben, daß das "Risiko" vorher auszusteigen verhältnismäßig hoch ist.

Sie müssen also selbst wissen, was für ein Typ Sie sind und was Ihnen gut tut! Vergessen Sie nicht die Garantie! Über den Verlauf von Jahrzehnten bietet sie wertvolle Sicherheit - allerdings um den Preis einer schmaleren Rendite. Sind Sie dergestalt in sich gegangen und zu einem positiven Ergebnis gekommen, dürfen Sie weiterlesen. Nun tauchen nämlich noch eine Reihe von Punkten auf, über die Sie informiert sein sollten:

Der erste Punkt betrifft nur Neukunden. Es geht um den Garantiezins. Der wurde Anfang der 90er Jahre angesichts steigender Zinsen von 3,5 auf vier Prozent erhöht. Inzwischen ist das Zinsniveau wieder gesunken, und es gibt allenthalben lange Gesichter. Das Versicherungsaufsichtsgesetz besagt, daß der Garantiezins nicht mehr als 60 Prozent des Zinses für langfristige Anleihen betragen darf. Da die Bundesanleihen schon lange keine fünf Prozent mehr abwerfen, wackelt die Garantie. Denn damit 60 Prozent rund vier Prozent Garantieverzinsung ergeben, müßte der Zins im Schnitt bei 6,6 Prozent liegen. Gespräche um die Absenkung der Garantiezinsen sind im Gange. Neukunden hätten dann eine schlechtere Rendite zu erwarten.

Für den zweiten Punkt sorgt der Fiskus, der im Zeichen knapper Kassen plötzlich beginnt, das Steuerprivileg der Lebensversicherung wesentlich enger zu interpretieren. Zu den "steuerschädlichen" Dingen zählen plötzlich auch **Änderungen** während der Laufzeit der Lebensversicherung. Beispiel: Sie wollen die Versicherungssumme erhöhen, oder die Police von Ihrer Frau auf Ihre Freundin umschreiben lassen. Darin sieht der Fiskus eine "Novation", und die Steuerfrist von 12 Jahren beginnt aufs Neue. Je nach dem Zeitpunkt der Änderungen kann das für Sie bedeuten: Sie müssen Steuern zahlen auf die Erträge!

Fragezeichen: Sicherheit

Der dritte Punkt mag überraschend klingen: 1998 sind erstmals Zweifel an der existenziellen Sicherheit von Lebensversicherern aufgetaucht und werden seitdem offiziell diskutiert. Bislang hatte die Branche stets als Naturgesetz verkündet: Ein deutscher Lebensversicherer geht nicht bankrott! Wohl gab es einige Fälle, in denen das Management Unternehmen in Richtung Pleite trieben, aber stets fanden sich andere Versicherer, die diesen Super-Gau durch Übernahme verhinderten. Das fand stets in aller Stille statt, und das Bundesaufsichtsamt half kräftig mit, denn sonst wäre am Ende gar herausgekommen, daß die Beamten kräftig geschlafen hatten.

Viel Lärm um stille Reserven

Ein milliardenschwerer Schatz soll gehoben werden: Eine Gruppe SPD-Abgeordneter bastelt an einem Gesetzesentwurf, der die Lebensversicherungsunternehmen zu mehr Transparenz zwingen soll. Und es geht um stille Reserven im Wert von ca. 150 Milliarden Mark. Soviel haben die Unternehmen durch ganz legale Bilanzierungspraktiken angesammelt - allerdings mit Hilfe der Gelder der Kunden.

Nach dem Willen der Reformer sollen diese Gelder nun ganz oder teilweise wieder an die Kunden ausgeschüttet werden. Seit neuestem sind diese Reserven nicht mehr "still", die Lebensversicherer müssen die Reserven angeben. Die vier eifrigsten "Hamsterer": Allianz (24,4 Milliarden), Victoria (5,4 Milliarden), Colonia und Volksfürsorge (4,7 Milliarden).

Die meisten Lebensversicherer argumentieren, daß diese Gelder Reserven für Notfälle darstellen. Nur wenige Unternehmen haben relativ kleine Reserven, da sie die Gelder bereits an ihre Kunden zeitnah ausgeschüttet haben. Umstritten ist, in welcher Höhe ein Unternehmen stille Reserven benötigt. Da die Lebensversicherer bislang ihre Geschäfte nicht aufschlüsseln (was kostet die Verwaltung eines Vertrages, wieviel wird für "Abschlußkosten" abgezwackt, wie hoch ist der eigentliche Risikobetrag, was bleibt übrig, um angelegt zu werden?) hat niemand eine Durchsicht in das Milliardenspiel um Sicherheit. Es fehlt einfach an einer Meßlatte zum Vergleich, und das war den Versicherern bislang ganz recht.

Nun hat ausgerechnet der neue Chef des Bundesaufsichtsamtes, Helmut Müller, den Deckel ein wenig gelüftet und die Dringlichkeit seiner Aussagen durch die Forderung nach der Einrichtung eines Konkurssicherungsfonds unterstrichen. Die Gefahr, daß finanzielle Schieflagen bei Versicherungsunternehmen auch in Deutschland auftreten, sei größer geworden, stellte der oberste Versicherungsaufseher fest. Das Vertrauen in die deutsche Versicherungswirtschaft würde durch den Eintritt eines Konkurses erheblich beeinträchtigt. Und: Es bestehe die Gefahr, daß die Unternehmen ihre versicherungstechnischen Verluste durch die Erwirtschaftung höherer Kapitalanlagen ausgleichen könnten. Der Weg zu einer mehr spekulativeren Anlagepolitik sei damit vorgezeichnet (und damit ein höheres Risiko).

Den Managern las Müller ins Stammbuch: "Wie die jüngste Vergangenheit gezeigt hat, basieren Zahlungsschwierigkeiten von Versicherern nicht, wie früher, allein auf wirtschaftlichen oder wettbewerbsbedingten Fehleinschätzungen, schlechten Versichertenrisiken oder auf den allgemeinen ungünstigen gesamtwirtschaftlichen Eckdaten, wie z.B. hoher Arbeitslosigkeit. Maßgeblich für finanzielle Probleme sind häufig auch andere Gründe, wie z.B. Management-Versagen, unvorversehbares Aussteigen eines Aktionärs oder strafrechtliches Fehlverhalten." Eine mehr als deutliche Philippika! Wir können diesen Worten entnehmen, daß es in der Abgeschiedenheit der Vorstandsetagen von Lebensversicheren manchmal so rauhbeinig zugeht wie in "Dallas".

Der amtliche Versicherungshüter machte zugleich künftige Krisen aus: "Auch auf Beteiligungen, die ein Versicherer eingeht, muß wegen der Ansteckungsgefahr geachtet werden. Vor allem, wenn Versicherer sich mehrheitlich an Banken beteiligen, ist erhöhte Wachsamkeit geboten. Erfahrungen vor allem im Ausland zeigen, daß fast immer die Versicherten die Leidtragenden sind; denn fast immer sind es die Banken, die in finanzielle Schwierigkeiten geraten, und fast immer wird dann den Versicherten ein solidarischer

Beitrag zur Rettung der Bank zugemutet." Sicherheit mit Dividende - dieser uralte Werbeslogan der Lebensversicher scheint so nicht mehr zu stimmen. Der Umstand, daß der Chef einer Aufsichtsbehörde, aus der jahrzehntelang nichts nach außen drang, die Öffentlichkeit für seine Befürchtungen und Warnungen suchte, spricht Bände und sollte zu ernsthaftem Nachdenken Anlaß geben. Gerade die Lebensversicherer gaukeln uns gern eine heile Welt vor. In Wahrheit geht es, wie in anderen Wirtschaftszweigen auch, oftmals drunter und drüber. Und die Versicherten finanzieren oftmals solche Abenteuer - mit den dann geringer gewordenen Gewinnausschüttungen, beispielsweise.

Für den Anleger ergibt sich die große Schwierigkeit, zu erkennen, welches Versicherungsunternehmen solide arbeitet und welches nicht. Dazu gehören auch die Stornoraten: Wieviel Leute kündigen in welchem Zeitraum? Eine ehrliche Analyse würde möglicherweise zu dem Schluß kommen, unter Gesichtspunkten der Altersversorgung den "wildesten" Versicherer zu wählen. Je mehr andere Kunden stornieren, um so höher wird die Schlußdividende für die wenigen, die durchhalten! Ich bin gespannt, wann die Medien dies erkennen und die ersten nach diesen Gesichtspunkten erstellten Ranglisten veröffentlicht werden. Aber woher die Daten nehmen?

Fragezeichen: Stille Reserven

Aber es gibt noch einen weiteren interessanten Gesichtspunkt der Auswahl - auch wenn ich Ihnen sagen muß, daß ich in dieser Hinsicht einigermaßen ratlos bin. Das sind die sogenannten stillen Reserven der Lebensversicherer. Da geht es um Milliarden!

Dahinter verbirgt sich folgender Sachverhalt: Das Unternehmen hat in Aktien angelegt. Vor zwanzig Jahren lag deren Kurs bei 50, heute bei 550. Bilanziert hat der Lebensversicherer - völlig korrekt - stets den niedrigsten Kurs. Heute könnte er einen Verkaufsgewinn von 500 erzielen. Oder nehmen wir eine Immobilie. Vor zehn Jahren für 10 Millionen gekauft und entsprechend bilanziert, beträgt ihr Marktwert heute vielleicht 20 Millionen. In den Bilanzen der Lebensversicherer schlummern auf diese Weise "abgeschriebene" Milliardenwerte.

Diese Werte wurden mit den Geldern der (ehemals) Versicherten angeschafft. Das Problem liegt nun darin, daß diese Vermögenswerte niemals realisiert wurden, sondern eben als stille Reserven für angebliche Notfälle angehäuft wurden. Den meisten Lebensversicherern sind stets genügend Ausflüchte eingefallen, diese Vermögenswerte nicht oder nur in geringen Maße an ihre Kunden auszuschütten. Damit provozierten sie einen "Verbaucherschützer", von "legalem Betrug" zu reden, was auch alsbald gerichtlich erlaubt wurde und die gesamte Branche in den Medien in Verruf brachte. Neuerdings müssen die Unternehmen ihre stillen Reserven zwar nicht auszahlen, aber doch zumindest öffentlich beziffern.

Nun passierte etwas Merkwürdiges: Der Branchenführer Allianz preschte vor und veröffentlichte seine stillen Reserven bereits 1998. Wie es sich gehörte, mußten nun fast alle anderen Gesellschaften nachziehen. Herausgekommen ist bislang eine Zahl von rund 100 Milliarden Mark bei den Lebensversicherern. Solche Summen wecken Begehrlichkeiten. Schon kursierte in Bonn ein Gesetzenwurf diese Gelder endlich zu verteilen. Aber wie soll das in der Praxis ablaufen? Die Riesenwerte sind am Markt nicht auf einen Schlag zu realisieren, die Märkte würden zusammenbrechen. In Frage käme vielleicht, Fonds zu bilden und Anteilscheine auszugeben. Aber an wen? Sicherlich wäre es ungerecht, heutigen und zukünftigen Versicherten das Geld zu geben. Also an die vorherige Generation der Versicherten, denen die Gelder schließlich "vorenthalten" wurden? Sicher hätten sie einen moralischen Anspruch. Ob sie auch einen rechtlichen haben? Experten bezweifeln dies. Es ist ein Gebiet voller juristischer und gesellschaftspolitischer Tretminen. Wie wäre es, wenn der Staat sich diese Gelder einverleibt und - über soziale Programme - an alle zurückverteilt? Das wäre sicherlich auch einigermaßen ungerecht. Aber die Begehrlichkeit des Staates ist nicht zu unterschätzen.

Aber, ich muß auf den Anfang zurückkommen: Die Versicherer haben stets nur eines schriftlich versprochen: Die Garantieverzinsung von 3,5 bzw. später vier Prozent. Alles andere war Schall und Rauch zur Verkaufsförderung. Man muß nicht lange überlegen, was den Politikern demnächst einfallen wird: Man könnte die Gelder - manche Experten sprechen von 150-300 Milliarden - ja vergesellschaften, zur Entlastung der Staatskassen beispielsweise. Oder für ein Konjunkturprogramm. Oder, oder.

Heute behaupten die Lebensversicherer steif und fest, sie benötigten die stillen Reserven, um gegen alle Risiken der wirtschaftlichen Entwicklung gefeit zu sein. Mit diesem Argument läßt sich aber auf bequeme Weise alles erschlagen, denn die Reserven können letztlich niemals hoch genug sein. Wie dieser Kampf um herrenlose Gelder in Milliardenhöhe ausgeht, gehört zu den spannendsten Kapiteln der neueren Wirtschaftsgeschichte. Ich bin überzeugt, daß Sie in naher Zukunft einiges darüber in den Medien finden werden.

Nun gibt es freilich auch andere Lebensversicher, die keine oder keine nennenswerten stillen Reserven besitzen. Diese Versicherer sagen: In unsere Tarifkalkulation ist bereits ein Sicherheitsfaktor für widrige Umstände eingeflossen. Statt ständig weitere stille Reserven zu bilden, haben wir die Erträge in Form von Gewinnausschüttungen lieber zeitnah an unsere Versicherten laufend weitergereicht. Im Umkehrschluß wird daraus: Die anderen Versicherer haben ihre Kunden betuppt, sie hätten mehr auszahlen können, wenn sie nur gewollt hätten. Welchen Lebensversicherer soll man nun auswählen? Einen mit hohen stillen Reserven? In diesem Fall kann man annehmen, wer bisher seine Kunden benachteiligt hat, wird nun genügend Speck angesetzt haben, um in Zukunft aus dem Vollen schöpfen zu können. Man könnte aber auch schlußfolgern: Einmal unehrlich, immer unehrlich. Der Lebensversicherer wird auch in Zukunft stille Reserven horten statt die Kunden besser zu bedienen. Oder soll man einen Lebensversicherer auswählen, der nur geringe stille Reserven besitzt und bei dem man vermuten darf, er reiche die Erträge auch in Zukunft weitgehend an die Kunden weiter? Dummerweise sind wir auf Spekulationen angewiesen.

Die Argumentation mancher Lebensversicherer zu den stillen Reserven ist, sagen wir einmal, widersprüchlich. Und keiner beantwortet einfache Fragen, wie beispielsweise: Wann werden die stillen Reserven nun wirklich eingesetzt, um eine Krise abzumildern? Wo liegt die Schmerzgrenze? Zur Zeit senken eine Reihe von Versicherern ihre Gewinnanteile, vor allem auch bei schon laufenden Rentenversicherungen. Hier wird der Hinweis auf das niedrige Niveau der Zinsen angeführt, das doch eigentlich - im historischen Vergleich - zu einem Ausnahmezustand erklärt werden müßte und Anlaß wäre, einen kleinen Teil der stillen Reserven einzusetzen.

Wir sehen: Fragen über Fragen. Und nun kommen auch noch Sie und fragen: Welcher Lebensversicherer ist denn nun für mich der richtige? Um Ihnen die Schwierigkeit einer Antwort vor Augen zu führen: Was würden einem Heiratskandidaten raten, der Sie fragt: Ist diese Frau die richtige für mich? Die wahre Antwort kann nur das Leben geben, nach 20 oder 30 Jahren. Also antworten Sie: Das mußt du selber wissen, ich will doch gar nicht heiraten!

Für sich die passende Wahrheit zu finden, obliegt also dem Versicherungskunden! Wenn Sie meinen, daß ich mich damit mehr oder minder elegant um eine konkrete Antwort drücke, haben Sie vollständig recht! Ich habe nämlich keine allgemein gültige. Wählen Sie den Lebensversicherer mit den größten stillen Reserven, können Sie ziemlich sicher sein, daß dort zuletzt das Licht ausgeht, wenn ein Komet die Erde genau in den Grenzen Deutschlands trifft. Dann ist aber nach menschlichem Ermessen sowieso alles vorbei. Für Menschen, die Hosenträger und Gürtel gleichzeitig tragen, scheint diese Lösung aber wahrscheinlich die einzige denkbare Alternative.

Wählen Sie einen Lebensversicherer, der lieber einen Großteil der Gewinne schon während der Laufzeit des Vertrages an Sie ausschüttet, dann erzielen Sie voraussichtlich mehr Geld für Ihre Altersversorgung. Allerdings müssen Sie dann hoffen, daß dieser Versicherer 20 oder 30 Jahre ohne Turbulenzen übersteht, da er ja keine oder nur geringe Reserven hat.

Die ganze Hilflosigkeit der Situation spiegelt sich in den Ranglisten, die die Medien jedes Jahr veröffentlichen. Einmal abgesehen davon, daß sich die Bewertungskriterien fast jedes Jahr ändern und der normale Verbraucher die unterschiedlichen Gewichtungen kaum oder nicht durchschaut, weisen derartige Ranglisten einen Hauptfehler auf: Es handelt sich um Momentaufnahmen aus der Vergangenheit. So, wie niemand die Lottozahlen der nächsten 30 Jahre kennt, kann niemand voraussagen, welche Entscheidungen das Management eines bestimmten Lebensversicherers während dieser langen Zeitspanne treffen wird. Die Ranglisten gaukeln also etwas vor, was so gar nicht existiert: Sicherheit bei der Entscheidungsfindung.

Private Rentenversicherung:

Alternative mit vielen Variationen

Wozu brauchen Sie als junger Mensch überhaupt eine Kapital-Lebensversicherung? Wenn Sie sterben, haben Sie eh´ nichts davon. Haben Sie im zarten Alter von 25 bereits eine Frau und Kinder und fürchten um ihr Leben, so schließen Sie vorteilhafterweise lieber eine Risiko-Lebensversicherung ab! Das bedeutet: Für eine vergleichweise geringe Jahresprämie ist Ihre Familie im Falle des Falles finanziell abgesichert. Ihr Geld zur Alterssicherung verwenden Sie dann lieber für eine private Rentenzusatzversicherung oder gar eine andere Form der langfristig sicheren Kapitalanlage. Viele Berater scheuen sich, diesen Rat zu geben, weil sie beim Abschluß einer Kapitallebensversicherung höhere Provisionen verdienen und auch leben wollen...

Sollten Sie zu den schlaueren Zeitgenossen zählen, wählen Sie zum Aufbau einer Altersversorgung statt einer Lebensversicherung eine Rentenversicherung, die ebenfalls steuerbegünstigt ist, jedenfalls, wenn die Auflagen eingehalten werden. Der Vorteil einer Rentenversicherung liegt darin, daß diese steuerlich so behandelt wird wie eine normale Kapital-LV, obwohl sie **kein** Todesfallrisiko absichert. Stattdessen wird das Risiko abgesichert, daß Sie länger leben, als der statistische Durchschnitt es erwarten läßt. Denn die Versicherung zahlt Ihnen eine Rente monatlich bis an Ihre Lebensende, sofern Sie nicht von Ihrem Kapitalrecht Gebrauch machen: Sie können wählen zwischen einer einmaligen Kapitalabfindung oder lebenslanger Rente.

Dieser Deal birgt allerdings Gefahren für den Kunden: Verschiedene Versicherer haben entdecken müssen, daß sie sich erheblich verkalkuliert haben. Sie mußten ihre Gewinnbeteiligungen erheblich nach unten korrigieren. Schuld daran hat die Statistik, die immer ein paar Jahre zu spät kommt. In diesem Fall in Form der ominösen Sterbetafeln. Fakt ist: Schutzmaßnahmen am Arbeitsplatz, gestiegenes Gesundheitsbewußtsein und spektakuläre Fortschritte der Medizin sorgen dafür, daß immer mehr Menschen immer länger leben.

Die privaten Versicherer stehen damit vor ähnlichen Problemen wie die staatlichen Versicherer: Die Kalkulationsgrundlagen zerrinnen unter den Händen, die Leistungen müssen immer mehr eingeschränkt werden. Verschiedentlich warnen außenstehende Fachleute, daß die Versicherer ihre bisher eingegangenen Verpflichtungen in der Zukunft in vollem Unfang gar nicht werden erfüllen können.

Was das bedeuten könnte, scheint vielen nicht klar zu sein: Vertraglich zugesicherte Leistungen würden sich im Alter als nicht einklagbar erweisen, wenn das Unternehmen an seinen Verpflichtungen zusammenbricht. Die private Renten-(Zusatz) Versicherung schien lange Zeit als das Ei des Columbus. Lebt der Versicherte ewig, kassiert er auch ewig Rente. Stirbt er vorzeitig, können sich die Erben freuen, wenn sie einen Teil der Beiträge zurückerstattet bekommen. Auf dem Papier hört es sich in der Tat vielverheißend an. Das demographische Problem, die immense Zunahme der Rentenberechtigten, mit denen die staatlchen Kasen zu kämpfen haben werden, entfällt. Leistungen erhält nur der, der vorher etwas geleistet (an Beiträgen) hat.

Hier geht es allein um die Frage: Wie lange leben die Kunden? Das ist eine Wette auf die Zukunft, und ausnahmsweise ist es offen, wer bei diesem Geschäft Verluste macht. Genau das ist der Unsicherheitsfaktor der privaten Rentenversicherung. Die Lebensversicherer müssen einen immer höheren Risikoabschlag einrechnen. Nehmen wir an, in fünf oder zehnJahren von heute gibt es die Pille, die ein hundertjähriges Leben verspricht. Abwegig ist diese Spekulation nicht, schließlich kommen in immer kürzeren Abständen immer neue Wunderpillen auf den Markt. .

Fassen wir zusammen: Im Grunde ist die private Rentenversicherung eine Lebensversicherung ohne Versicherung, denn auf eine Sonderleistung im Todesfall wird ja verzichtet. Bei der "aufgeschobenen Rentenversicherung mit Beitragsrückgewähr " handelt es sich um einen Sparvertrag, der später einmal zur Rente führen könnte, aber nicht muß. Bei der Gestaltung der Verträge gibt es allerding viele Variationen, ebenso ist die Ausschüttung der Gewinnanteile höchst unterschiedlich.

Richtig konstruiert, zählt eine Ansparpolice zu den **sichersten** Kapitalanlagen, die man heute zeichnen kann, und die Rendite (bis zu sieben Prozent) ist gar nicht einmal schlecht. Wenn dann die Steuerfreiheit hinzukommt, ist diese Anlageform über 12 Jahre mit allen anderen Anlagen konkurrenzfähig. Die private Rentenversicherung wird daher auch von vielen Großanlegern gern und in aller Stille, vor allem mit Einmalbeiträgen, benutzt.

Ein weiteres Versicherungsprodukt erwähne ich hier, weil es als innovativ gilt und entsprechend mächtig dafür getrommelt wird. Als Altersvorsorge ist es ein zweischneidiges Schwert, wie Sie gleich sehen werden:

Die fondsgebundene Police

Diese Anlageart war die Antwort der Lebensversicherer auf die ständigen Nörgler, die an der Undurchsichtigkeit der KLV herumkritteln - und auf den Vorwurf, eine KLV bringe nicht genügend Rendite. Plötzlich ist hier fast alles transparent. Der Anleger hat sozusagen täglich einen Überblick über die Entwicklung "seines" Fonds, denn er kann die Kurse in der Zeitung verfolgen. Die "black box" der klassischen Lebensversicherung, bei der man keine Ahnung hat, was im Innern vor sich geht, scheint hier abgeschafft zu sein. Aber wie alles hat auch dieses seinen Preis: Das Risiko ist wesentlich höher. Wer beispielsweise meint, ausgerechnet an seinem 60. Geburtstag herrsche eine Börsenboom, hat natürlich gewonnen. Findet aber gerade ein Börsencrash statt, wird es eine traurige Geburtstagsfeier.

Vielleicht muß man unterschiedliche Interessenlagen gelten lassen. So kommen Selbständige und Freiberufler oftmals erst nach dem Aufbau ihres Unternehmens dazu, sich um Altersversorgung zu bemühen. Oft ist die verbleibende Zeit kurz, und der Blick fällt dann natürlich auf die höher rentierlichen Anlageformen. Hat man dann in den Zeitungen der letzten Jahre gelesen, daß es am Aktienmarkt permanent aufwärtsgeht, ist die Versuchung groß, auch die Rendite einer KLV aufzubessern, indem man eine fondsgebundene Police wählt.

Die fondsgebundene Lebensversicherung ist im Prinzip nichts anderes als eine Kombination einer Risiko-Lebensversicherung mit einer Geldanlage in Investmentanteilen. Zu den Investmentfonds komme ich noch, daher kann ich mich hier kurz fassen: Ein normaler Miteleuropäer könnte sich sicherlich selbst einen Investmentfonds aussuchen. Wozu braucht er einen Versicherer? Antwort: Wegen der Steuerfreiheit. Die Beiträge können freilich nicht steuermindernd geltend gemacht werden, aber die Ausschüttungen sind steuerfrei. Das mögliche Risiko ist nicht zu verachten:

Ausgerechnet wenn die Police abläuft, sind die Aktienkurse im Keller! Äußerst ärgerlich! Doch die Versicherer, von berufs wegen vorsichtig, wissen Rat: In den letzten fünf bis sieben Jahre der Laufzeit tauschen sie die Fondsanteile in die sichereren Rentenfonds um, weil man zu diesem Zeitpunkt das angesammelte Kapital nicht mehr gefährden will.

Ob diese Sicherheitsmaßnahme wirklich Sicherheit bringt, mag man bezweifeln. Denn die Auflösung der Preisfrage "habe ich gewonnen oder verloren?" wird im Prinzip nur um fünf Jahre verschoben. Fondspolicen sind transparent, dafür aber teurer als normale Policen. Aber ob man dabei gewonnen oder verloren hat, erfährt man stets hinterher.

Gäbe es nicht den Steuervorteil, würden offenbar nur wenige Menschen bei einem Versicherer einen Investmentfonds abschließen, sondern gleich zu den Fonds-Experten gehen, von denen einige im übrigen auch die Fonds der Versicherer managen. Das führt uns direkt in das nächste Kapitel.

Investment-Fonds:

Anteilig Vermögen bilden auch mit kleinen Beiträgen

Investment-Fonds sind ein einfach geniales oder genial einfaches Instrument , um auch mit kleineren regelmäßigen Sparbeträgen Vermögen zu bilden. Die Grundidee: Viele Anleger tun ihr Geld zusammen, sozusagen in einen Topf, und lassen es von Fachleuten bestmöglich verwalten.

In der Praxis bedeutet dies im allgemeinen: Sie erzielen eine deutlich höhere Verzinsung, als wenn Sie Ihr Geld aufs Sparbuch bringen. Selbst die Banken wissen dies und bieten ihren Kunden eigene Investment-Fonds an.Und wenn Sie am Anfang kein nennenswertes Kapital besitzen sollten, fangen Sie einfach an zu sparen! Monatlich investieren Sie einen Betrag, den Sie erübrigen können, in den Fonds.

Anteilig sind Sie dann an den Gewinnen beteiligt. So bildet sich Ihr Vermögen aus dem gesparten Geld plus den Erträgen, die es erwirtschaftet. Diese Grundidee läßt Sie als Anleger nachts ruhig schlafen. Nicht Sie müssen nun kontinuierlich die aktuellen Entwicklungen beispielsweise auf den Aktien-, Wertpapier- oder Immobilienmärkten verfolgen und gegebenenfalls (und vor allem richtig) reagieren, sondern qualifizierte Fachleute tun das praktisch jeden Tag für Sie.

Was machen diese Experten mit Ihrem Geld? Eine erste Auskunft gibt die Zielsetzung des Fonds. Es gibt Investment-Fonds, die Ihr Geld (und das der anderen Anleger) nur in Aktien anlegen. Oder in Rentenpapieren. Wiederum andere Fonds investieren in Immobilien. Ferner gibt es Fonds, die nur in deutschen Aktien und Zinsverschreibungen anlegen und solche, die internationale Werte bevorzugen, und schließlich gibt es alle denkbaren Mischformen: Investment-Fonds, die die teils in Aktien, teils in Rentenpapieren und teils in Immobilien anlegen. Zuguterletzt gibt es auch „Spezialitäten"-Fonds, die sich auf Rohstoffe oder Edelmetalle oder die Wirtschaft eines bestimmten Landes konzentrieren. Und im Ausland, vor allem in USA und England, gibt es hunderte anderer spezieller Fonds (z.B. Geldmarkt- oder Optionsscheine-Fonds)

Zum Grundgedanken der Investment-Fonds gehört noch eine zweite Idee: Das Geld der Anleger wandert idealerweise nicht in ein bestimmtes Anlageobjekt, sondern in viele verschiedene. Das hat, wie Sie sofort sehen werden, nicht zu unterschätzende Vorteile: Wenn Sie mit ein paar tausend Mark, die Sie vielleicht übrig haben, Aktien kaufen, so setzen Sie auf die Aktien eines bestimmten Unternehmens oder auf die von sechs oder sieben ausgewählten Unternehmen - mehr ist aus finanziell einleuchtenden Gründen gar nicht möglich. Das Risiko eines eventuellen Kursrückganges (Wertverlust) für Sie wäre verhältnismäßig hoch.

Ein Investment-Fonds mit vielen Millionen Mark Anlegergelder im Rücken kann diese Beträge in eine Vielzahl verschiedener Unternehmen bzw. deren Aktien investieren. Oder, entsprechend, in Rentenpapiere unterschiedlicher Herkunft. Gibt es hier oder da

Wie das deutsche Volksvermögen angelegt ist

Investmentfonds haben 1997 den Liebling der deutschen Anleger, die Lebensversicherung, abgehängt. Anteilscheine im Wert von 157 Milliarden Mark wurden erworben. Die Lebensversicherer hingegen verzeichneten nur ein Beitragsaufkommen von 97 Milliarden Mark.

Interessant: Rund zwei Drittel des Neugeschäfts von Investmentfonds wanderte in Aktienfonds. Die Deutschen haben die Börse entdeckt! Aber das Management ihrer Wertpapiere überlassen sie lieber den Investment-Profis.

Die Bausparkassen freuten sich über 3,19 Millionen Neuverträge mit einer Bausparsumme von 132 Milliarden Mark. Die Banken freuten sich über Spareinlagen und Termingelder in Höhe von fast 2.000 Milliarden. In die Banksparpläne flossen 48 Milliarden Mark.

Ein kurzer Blick in das Reich von Zahlen, die niemand so richtig erfassen kann: Wie die Bundesbank ermittelte, ist das deutsche Geldvermögen auf über 5.000 Milliarden Mark angestiegen, hauptsächlich wegen der Kursentwicklung an den Börsen. Nicht enthalten in der Statistik ist das Immobilienvermögen. Hier gibt es nur Schätzungen - aus dem Jahre 1993. Da könnten es 6.600 Milliarden Mark gewesen sein, schätzt das Statistische Bundesamt.

einen wirtschaftlichen Rückschlag (sinkende Kurse), wirkt er sich nur in abgeschwächter Form auf das Gesamtergebnis aus, weil die Anlage breit gestreut ist und durch Kursgewinne in anderen Bereichen meist aufgefangen werden kann.

Ihr Risiko der Wertminderung Ihrer Anlage wird also erheblich reduziert, einmal abgesehen davon, daß die Fonds-Manager Ihr Geld in den meisten Fällen mit mehr Erfahrung verwalten können als Sie selbst und daher höhere Gewinne erzielen. Zur Risiko-Minimierung trägt aber noch ein weiterer Faktor bei: Die Aufsicht des Staates. Die in der Bundesrepublik tätigen Investment-Fonds müssen vom Bundesaufsichtsamt in Berlin geprüft und zugelassen sein. Das bedeutet unter anderem auch, daß die Fonds-Gesellschaften dem Gesetz über Kapitalanlagegesellschaften unterworfen sind. Ein Wortungetüm, das deshalb meist unter seiner Kurzform KAGG verwendet wird.

In der Praxis heißt das unter anderem: Investment-Fonds dürfen nur in börsengängige Papiere investieren. Und es dürfen jeweils nicht mehr als fünf Prozent der Anlegergelder in Wertpapieren eines Emittenten (Ausstellers) angelegt sein bzw. der Fonds darf nicht mehr als fünf Prozent des Grundkapitals einer Aktiengesellschaft ankaufen. Das sind relativ strenge Auflagen, die allesamt zur Risikoabsicherung dienen und selbstverständlich im Einzelfall auch die Gewinnmöglichkeiten eines Investment-Fonds begrenzen (aber ebenso die Verluste). Die Fonds-Manager dürfen also nicht, selbst wenn es im Einzelfall mit satten Gewinnen zu begründen wäre, die ihnen anvertrauten Gelder nur auf einige wenige Pferde setzen. Trotz (oder gerade wegen) dieser einengenden Beschränkungen erzielen die meisten Investment-Fonds ansehnliche Renditen. Ein wesentlicher Grund dafür ist auch der kontinuierliche Aufkauf von Aktien. An der Börse geht es bekanntlich auf und ab. Mit einem Fonds, der ständig Aktien erwirbt, steigt der Anleger zwangsläufig bei manchen Aktien zu günstigen (niedrigen) Kursen ein. Doch dazu später.

Zunächst noch einiges zu Investment-Fonds, die ihre Anleger-Gelder in Immobilien investieren. Hier handelt es sich hier um sogenannte „offene" Immobilien-Fonds. Offen, weil die Gesellschaften kontinuierlich Kapital sammeln und dieses in immer wieder neue Immobilienobjekte investieren. Beteiligen Sie sich - egal mit welcher Einstiegssumme oder monatlicher Rate - an einem dieser Immobilienfonds, profitieren Sie schlagartig an den Erträgen von Wohn- oder Gewerbebauten in allen Teilen Deutschlands, meist in guten Lagen in Groß- oder Mittelstädten. Auch hier wird der Grundgedanke des Investment-Fonds deutlich: Mit ein paar tausend Mark können Sie als Einzelanleger kaum eine Immobilie erwerben, und schon gar keine Bürohäuser oder Gewerbe-Immobilien, die als besonders ertragreich gelten.

Die Streuung der Anlegergelder bewirkt eine Verringerung des Risikos. Ihr anteiliges Geld steckt niemals in einer einzigen Immobilie, immer in mehreren Objekten an unterschiedlichen Standorten. Das KAGG schreibt den Fonds-Managern unter anderem vor: Ein einzelner Fonds muß wenigstens zehn Objekte umfassen, und in keines dürfen mehr als 15 Prozent des Fondsvermögens investiert werden. Auch dürfen bestenfalls nur zehn Prozent des Fondsvermögens in unbebaute Grundstücke fließen - dies als Absicherung gegen die etwaige Versuchung der Fonds-Manager, sich womöglich auf besonders gewinnbringende, aber auch entsprechend risikoreiche Bodenspekulationen einzulassen.

In der Bundesrepublik gibt es derzeit über 1000 verschiedene Investmentfonds, wobei zu bemerken ist, daß die meisten Fonds-Gesellschaften eben eine Vielzahl von Investment-Fonds mit unterschiedlicher Zielsetzung anbieten. Bei der Bewertung der Leistung dieser Fonds, die zum Teil schon seit den 50er Jahren am Markt sind, tut sich der normale Anleger freilich schwer. Die Frage, welche Fonds die „besten" sind, läßt sich so gar nicht beantworten. Da ist zum einen das Anlageziel: Die einen schwören auf mögliche überdurchschnittliche Aktiengewinne, die anderen bevorzugen die sicheren Rentenpapiere, die dritten setzen grundsätzlich auf Immobilien, auch wenn die Erträge niedriger sein sollten.

Zum anderen spielt der Zeitraum des Leistungsvergleichs eine Rolle. Manche Fonds werben mit einer eindrucksvollen Leistung in den letzten 20 Jahren. Hilft Ihnen das? Man könnte schließlich argumentieren, daß die Experten, die seinerzeit so geschickt das Geld vermehrt haben, heute schon pensioniert sind. Es gibt also keine Garantie, daß ein bestimmter Fonds stets seine extrem guten Ergebnisse halten kann.

Als Anleger sind Sie in diesem Punkt letztlich auf qualifizierte Beratung angewiesen. Vergleichstabellen, die mehr oder weniger regelmäßig von der Wirtschaftspresse veröffentlicht werden, verwirren den Laien oft, weil die angegebenen Werte aufgrund unterschiedlicher Kriterien oder Zeiträumen zustandekamen. Auf jeden Fall gibt es bei den Aktien- und Rentenfonds für Sie keine Unklarheit, wenn Sie Ihr Anteilszertifikat zurückgeben, wenn Sie „Kasse machen" wollen. Das können Sie bei Ihrem Investmentfonds nach Ablauf der vertraglich festgelegten Sparzeit tun, oder aber auch jeden (Börsen-)Tag. Anhand der am Stichtag geltenden Börsenkurse können die Fonds-Manager nämlich genau den Wert Ihres Anteils, den Rücknahmekurs, ermitteln. So wäre es beispielsweise nicht ratsam, die Investment-Anteile eines Aktienfonds gerade am Tage eines großen Börsen-Kraches zurückzufordern...

Kritisch anzumerken wäre, daß dem Anleger die Kostenstruktur bei den meisten Investmentfonds verborgen bleibt. Damit sind vor allem die Gebühren gemeint, die u.a. beim Umschichten des Portfolios auftreten. Sehr viele Fonds werden von Tochtergesellschaften deutscher Banken angeboten und gemanagt.

Wie wir schon bei den fondsgebundenen Policen der Versicherer gesehen haben, haben auch die Fondsgesellschaften eigens für die Altersvorsorge konzipierte Angebote, bei denen nach unterschiedlichen Konzepten vor Laufzeitende von risikoreicheren in Anlagen in solche mit geringerem Risiko umgeschichtet wird.

Noch einen Schritt weiter geht ein ganz neues Anlagevehikel, das zwar im offiziellen Sprachgebrauch etwas unglücklich "Altersvorsorge-Sondervermögen" heißt, aber verkürzend mit "Pensionsfonds" bezeichnet wird.

AS-Fonds:

Ein neues Produkt: "Altersvorsorge-Sondervermögen"

Eine Sprachschöpfung, wie sie nur die Deutschen erfinden können! Immerhin erfahren wir aus diesem Wortungetüm, daß es um Altersvorsorge geht. Aber Sondervermögen? Vermutlich geht die Einführung des Begriffes auf den Einfluß der Politiker zurück. Die wollen zwar, daß sich der Bundesbürger eine Zusatzrente aufbaut, mögen aber nicht zugeben, daß dieses Ansinnen letztlich das Resultat des Mißmanagements der staatlichen Rente ist. Offiziell heißt es, man möchte eine Verwechselung mit den beispielsweise in USA oder England vorherrschenden Pensionsfonds ausschließen.

Wie dem auch sei, hinter den deutschen Pensionsfonds stecken die deutschen Banken bzw. deren Fondsgesellschaften, die entschlossen sind, den Lebensversicherern ein möglichst großes Stück aus dem Altersvorsorgekuchen zu entreißen. Das Wortungetüm heißt im alltäglichen Sprachgebrauch jedenfalls kurz und bündig

AS-Fonds. Kritiker sagen, eigentlich sei nichts neues erfunden worden. Schon geht es hart zur Sache. "Aktien sind Risikopapiere und daher für die Masse der Bevölkerung zur Altersvorsorge nicht geeignet", sagt beispielsweise Ekkehardt Wilk, Sprecher der Lebensversicherer. "Pensionsfonds aus Aktien- und Immobilienvermögen stellen langfristig die lukrativste Art der Altersversorgung dar", behauptet dagegen Manfred Laux, Sprecher der Investmentgesellschaften. Der Konkurrenzkampf ist eröffnet.

Wenn die Parlamentarier eines Tages das letzte Gesetz verabschiedet haben, wird das Altersvorsorge-Sondervermögen vermutlich auch bei uns Pensionsfonds heißen und wie die angelsächsischen Vorbilder steuerbegünstigt sein. Daran krankt es nämlich noch im Moment. So handelt es sich bei den AS- oder Pensionsfonds vorerst um die üblichen Investmentfonds, allerdings mit einer klaren und speziellen Zielsetzung auf Altersvorsorge. Da eine laufende Gewinnausschüttung dem langfristigen Ziel der Altersvorsorge widersprechen würde, müssen die Fonds einen Sparplan anbieten mit einer Mindestlaufzeit von 18 Jahren oder für einen Zeitraum bis zur Vollendung des 60. Geburtstages des Sparers. Es bleibt den Anlegern freilich überlassen, ob sie einen Sparplan abschließen oder nicht. Und kündigen können sie überdies innerhalb einer Dreimonatsfrist.

Der Pensionfonds seinerseits muß seinen Anlegern einen Auszahlungsplan offerieren, der aber nicht angenommen werden muß. Es gibt eine ganze Reihe weiterer Regeln, die die Flexibilität für den Anleger erhöhen sollen. Wichtig sind die gesetzlichen Auflagen für die Anlagestrategie: So müssen die Pensionsfonds mindestens 51 Prozent in Substanzwerte wie Aktien und Immobilien anlegen, höchstens 75 Prozent des Vermögens dürfen in Aktien und stillen Beteiligungen gehalten werden. Diese Höchstgrenze orientiert sich ander Anlagepolitik ausländischer Pensionsfonds, die ihr Vermögen nicht vollständig in Risikokapital investieren. Dies und alles weitere ist in ein Gesetz gepackt worden, das den Namen trägt "3. Finanzmarktförderungsgesetz". Damit unterliegen die Pensionsfonds auch der Aufsicht des Bundesamtesfür das Kreditwesen, besitzen sozusagen ein amtliches Gütesiegel. Über die Leistungs dieser Fonds sagt das natürlich nichts aus.

Wie gesagt, nur der Steuerspar-Effekt fehlt noch. Es wird aber schon an Vorschlägen und Plänen gebastelt, denn man erhofft sich, daß die Pensionsfonds auch im Rahmen der betrieblichen Altersvorgung für mittelständische Unternehmen attraktiv sein werden. Nach jüngsten Untersuchungen haben nämlich neun von zehn Firmen nicht ausreichende Mittel dafür zurückgestellt.

Der Bundesverband deutscher Investment-Gesellschaften hat vorsorglich schon einmal ausgerechnet, was ein dreißigjähriger Angestellter erwarten könnte, der bis zum Rentenalter monatlich 300 Mark in die Pensionsfonds einzahlt: Mit 65 könnte er voraussichtlich auf ein Vermögen von 796.000.- Mark bzw. das Equivalent in Euro zurückkgreifen. Daraus errechnet sich eine Zusatzrente von rund 6.000 Mark über 20 Jahre. Ohne Garantie, versteht sich.

Die AS-Fonds werden an Zahl zunehmen und sich sicherlich am Markt durchsetzen - dafür sorgt schon die Werbemacht der Banken - und der Umstand, daß die ersten Fonds erst 1998 auf den Markt kamen. Es liegen also keine langjährigen Erfahrungswerte vor - um so vollmundiger kann man zukünftige Ergebnisse anpreisen.

Immobilien:

Währungen kommen und gehen - die Immobilie bleibt bestehen

Geld kann man beliebig vermehren - Papier zum Bedrucken gibt es genug. Grund und Boden aber sind letztlich begrenzt und werden höchstens immer knapper. Auf diese einfache Formel lassen sich die Überlegungen der Bundesbürger bringen, für die Sicherheit im Alter vor allem bedeutet: Eine Immobilie erwerben, die vermietet und später selbst genutzt oder mit Gewinn verkauft wird. Oder ein Häusle bauen, in dem sich schon in jungen Jahren mietfrei wohnen läßt, so daß das gesparte Geld zur Tilgung der Schulden verwendet werden kann.

Wohneigentum bringt zwar in der Regel eine hohe langfristige Schuldenbelastung mit sich, bietet aber Schutz vor Inflation und Wertverfall. Kommen inflationäre Zeiten, zahlt man die Schulden mit immer wertloserem Geld zurück. Vom Staat wird Immo-Erwerb und Besitz obendrein gefördert. Man weiß: Eigenheimbewohner neigen nicht zu Revolutionen. Das sichert die Demokratie! Dementsprechend gering ist die Neigung des Gesetzgebers (sprich:

der Politiker), auf diesem Gebiet radikale Einschnitte vorzunehmen. Weiter vorne habe ich geschildert, daß der Euro als harte Währung startet, daß aber ein baldiges **Umkippen** in eine weiche Währung wahrscheinlich, wenn nicht gar unausweichlich ist. Die Vorgängerwährung, der ECU, ist niemals so hart gewesen wie die D-Mark, weil in dem Topf eben auch die weichen Währungen schwammen.

Da nun der Euro-Club mit einigen Weichwährungen im Gepäck startet, dürfte wenig Zweifel bestehen, daß diese Länder den harten Kurs nicht lange werden mitfahren können, und auch hinter den Stabilitätsversprechungen der Länder mit harter Währung stehen lauter Fragezeichen.

Was würde ein weicher Euro bringen? Kaufkraftverlust zum einen, und daraus resultierend mit hoher Sicherheit eine Flucht in Sachwerte! Die Europäische Zentralbank wird die Leitzinsen erhöhen, um die Inflation zu bremsen. Finanzierungen werden teurer, Immobilienpreise steigen.

Richtig spannend dürfte es unmittelbar vor Einführung der Euro-Scheine werden. Zur menschlichen Psyche gehört, daß Unangenehmes gern erst einmal verdrängt wird. Unmittelbar vor dem Termin aber werden umso heftigere Aktivitäten verzeichnen zu sein: Die große Flucht in Sachwerte wird beginnen, hektisch, überstürzt und unüberlegt.

Dabei kann, wer seine Altersvorsorge von heute an auf Immobilien aufbauen will, die Entwicklungen um den Euro eigentlich außer Acht lassen, denn folgende grundlegende Überlegungen sind immer gültig - mit Euro oder ohne: Die gegenwärtige "Stabilitätskultur" mit niedrigen Zinsen und niedriger Inflationsrate darf nicht zu der Annahme verleiten, dieser Zustand werde ewig anhalten. Über 20, 30 Jahre gesehen - und diesen Blickwinkel haben wir bei einer Betrachtung der Altersvorsorgemöglichkeiten einzuhalten -

Die Inflation mit Immobilien ausbremsen

Immobilien steigen im Wert, mal schneller, mal langsamer. Wer frühzeitig in eine langfristige Finanzierung mit niedrigen Zinssätzen einsteigen kann, kann sich an einer im Vergleich zur Wertsteigerung niedrigen Belastung freuen. Bei inflationären Tendenzen steigen zudem die Mieten - und auch die Einkommen. Nutzen Sie Haus oder Wohnung selbst, bleibt Ihre "Miete" - die Belastungen aus der Hypotheken-Finanzierung - immer gleich, Sie haben sich quasi von der wirtschaftlichen Umgebung abgekoppelt. Haben Sie vermietet, können Sie höhere Mieten erzielen.

Die Rechnung geht jedoch nur auf, wenn Einkaufspreis und Lage des Objektes stimmen. Denken Sie darüber nach, wie sich der Standort der Immobilie in 20, 30 Jahren entwickeln wird.

Entscheidend jedoch bleibt die Finanzierung. Derzeit sind die langfristigen Hypothekenzinsen so niedrig wie noch nie. Im Gefolge der Euro-Einführung wird allgemein mit einer Flucht in die Sachwerte gerechnet - Kapitalmarktzinsen und Baukosten werden wieder anziehen.

Die Preise für Eigentumswohnungen sind seit Ende 1994 im Durchschnitt um 10 Prozent gesunken, nachdem sie vorher kräftig gestiegen waren. Auch hier ist gegenwärtig ein günstiger Einstieg möglich.

werden Zinsen steigen, die Inflation an unserem Geld mal mehr, mal weniger nagen. Auch die Immobilienpreise werden steigen, dann nachgeben und wieder steigen. Wir brauchen nur 30 Jahre in die Vergangenheit zurückzuschauen, um bestätigt zu finden, daß alles in Zyklen verläuft. Aber letztlich enden alle diese Zyklen auf einem höheren Niveau.

Wenn wir gerade ausgiebig gespeist haben, sind wir den Hunger los. Einen Tag darauf sieht die Situation schon wieder anders aus. Das mit dem Hunger haben wir gedanklich verinnerlicht, weil es eines der menschlichen Grundbedürfnisse ist. Wir wissen, daß wir am nächsten Tag wieder Hunger haben werden und treffen unsere Vorbereitungen - wir gehen zur Arbeit, weil wir Geld beschaffen müssen. Von den Finanzmärkten sollten wir ebenfalls wissen, daß auch nach langer trügerischer Ruhe plötzlich alles auf den Kopf gestellt werden kann, und unsere Vorkehrungen treffen. In kurzer Zeitspanne können die unmöglichsten Dinge passieren, und in unserer Zeitspanne der Euro-Einführung kann nur ein Wahnsinniger daran denken, daß beispielsweise Hypothekenzinsen ewig so niedrig bleiben wie gerade jetzt.

In den Stürmen der Zeitläufte haben sich Immobilien letztlich als unschlagbar erwiesen, auch wenn Immobilienbesitz gelegentlich einen langen Atem erforderte. Wer sein Geld in den Sachwert Immobilie anlegt, wird also normalerweise nie einen Substanzverlust erleiden, hat aber stets die Chance von Wertsteigerungen - vorausgesetzt, er hat vernünftig finanziert oder eingekauft. In den letzten Jahren haben sich die Immobilienpreise nach marktkonformen Rückgängen stabilisiert, in den kommenden Jahren wird mit Preis- und Mietsteigerungen gerechnet. Innerhalb der nächsten 25 bis 30 Jahre wird es mehrmals Ebbe und Flut geben, wobei die Flut jedesmal den Wasserstand ein bißchen höher treibt.

Wer mit dem Gedanken an die eigenen vier Wände spielt und bereits genügend Eigenkapital (mindestens 20 Prozent) angesammelt hat, sollte daher unverzüglich auf die Suche nach einer Finanzierung mit möglichst langfristiger Zinsbindung gehen und bauen oder kaufen. So gute Hypothekenkonditionen wie heute wird es lange Zeit nicht mehr geben. Sie sind derzeit auf dem niedrigsten Niveau der Nachkriegszeit. Eine vernünftige Finanzierung ist jedoch nicht alles - wer kauft oder baut, sollte sorgfältig den Preis prüfen, die Haltbarkeit von Baumaterialien, die Zusatzkosten, die Ausstattung und, sehr wichtig, den Standort. Eine qualvolle Zeit, bis das alles abgearbeitet ist! Alles weitere zu diesem Thema würde den Rahmen sprengen, es gibt genügend Bücher und Informationsmaterial zu Immobilien.

Wer jetzt erst beginnt, auf ein Häusle oder eine Eigentumswohnung zu sparen, das er dann vermieten und später vielleicht selbst bewohnen will, sollte dieses Ziel trotzdem verfolgen und sich nicht entmutigen lassen, wenn die Hypothekenzinsen in den nächsten Jahren wieder ansteigen. Alles läuft in Wellen ab, und bis er das notwendige Kapital angespart hat, ist vielleicht gerade wieder einmal eine Niedrigzinsphase.

Dessen ungeachtet gilt für den Erwerb bzw. die Finanzierung ein wichtiger Grundsatz, den so mancher nicht beachtet: Verschaffen Sie sich vorher Klarheit und weitgehende Gewißheit über Ihre **Lebenssituation**. Ist Ihr Einkommen auch in zehn Jahren noch sicher und in welcher Höhe? Besitzen Sie anderweitig Reserven, die Sie notfalls mobilisieren könnten? Ein selbstgenutzes Eigenheim bindet Sie an den Standort. Wird Ihre Karriere hohe Mobilität voraussetzen? Wenn Sie diese Fragen nicht mit überzeugender Sicherheit beantworten können, vergessen Sie zunächst den Traum von den eigenen vier Wänden!

Zu viele Immobilienbesitzer haben Haus und Hof verloren, weil sie auf dem langen Weg der Entschuldung durch die berüchtigten "unvorhergesehenen Umstände" irgendwann in eine Kosten- oder Zinsklemme gerieten. Vielfach wird es den Menschen zu einfach gemacht, eine Immobilie auch ohne oder nur mit geringem Eigenkapital zu erwerben. Für manchen erweisen sich solchen engen Finanzierungen dann als ausgesprochenes Vabanque-Spiel: Bei der geringsten Änderung seiner persönlichen Lebensumstände oder der Marktkonditionen platzt der Traum vom eigenen Heim.

Für den, der auf Immobilienbesitz setzt, aber anfangs nur bescheidene Mittel zur Verfügung hat, gibt es schließlich Alternativen. So kann er Fachleute für sich arbeiten lassen indem er sich beispielsweise an einem Immobilienfonds beteiligt. Gemeint sind offene Fonds, was unter anderem bedeutet: Jeder kann ein- und aussteigen, wann er will (Ausführlicheres dazu unter Investmentfonds). Wir wollen natürlich unter langfristigen Gesichtspunkten einsteigen. Fünf, besser zehn Jahre oder länger sollten Sie schon Ihr Geld arbeiten lassen, um zu vernünftigen Resultaten zu gelangen. Je länger, desto besser.

Geschlossene Immobilienfonds hingegen umfassen meist nur eine bestimmte Immobilie oder wenige andere Objekte. Sie versprechen oft eine höhere Rendite und haben meist einen Steuerspareffekt, doch ist das Risiko ungleich größer und unter Gesichtspunkten des Aufbaues einer stabilen Altersvorsorge halte ich diese Anlagen nicht für vertretbar, wie Sie überhaupt beim Aufbau Ihrer Altersvorsorge niemals allein auf ein einziges Pferd setzen sollten. Diese Angebote, die oft durch erhöhte Abschreibungsmöglichkeiten schöngerechnet wurden, beeinhalten dafür ein zu hohes Risiko. Und jetzt sollen die angeblichen "Steuerschlupflöcher" ohnehin gestopft werden.

Auf einen mißlichen Umstand muß bei den offenen Immobilienfonds freilich hingewiesen werden: Diese Fonds sammeln riesige Mengen Kapital, das gar nicht immer sofort in Immobilien angelegt werden kann, weil der Markt solche Objekte zu einem bestimmten Zeitpunkt nicht in der Vielzahl hergibt. Denn verantwortungsvolle Fondsmanager investieren nur in rentable Immobilien, und da gibt es manchmal am Markt nur wenig geeignete Objekte. In diesem Fall müssen also die Gelder geparkt werden, und zwar in (derzeit) niedrigverzinste Anleihen oder ähnlich sichere Papiere beispielsweise. Das drückt auf die Immobilienrendite, ist aber unvermeidbar. Wenn Sie langfristig denken, und das müssen Sie beim Aufbau Ihrer Zukunftsvorsorge, dann spielt dies keine Rolle, über die Zeit gleicht sich alles wieder aus.

Wir sehen: Als (zukünftiger) Immobilienbesitzer kann Sie der Euro relativ kalt lassen. In 20 Jahren von heute sieht die Welt anders aus, womöglich gibt es dann schon längst wieder eine neue Deutsche Mark, oder wir rechnen alle in Dollar. Wer weiß? Aber Ihre Immobilie ist immer noch da und hat nach menschlichem Ermessen nichts von ihrem Wert verloren!

Denn es wird immer Menschen geben, die ein Dach über dem Kopf benötigen, falls Sie nicht selbst darin wohnen möchten.

Der Sparstrumpf ist nicht mehr Trumpf

Es gibt Menschen, die Nachts nur ruhig schlafen können, wenn Sie wissen, daß ihr Geld ultra-sicher angelegt ist. Diese Menschen ziehen in der Regel die Sparangebote von Banken als sichere Basis für den Vermögensaufbau vor. In 1997 wanderten so 48 Milliarden hauptsächlich in die Sparpläne der Banken.

Weil das klassische Sparbuch mit dreimonatiger Kündigungsfrist durchschnittlich nur 1,7 Prozent erwirtschaftet, offerieren die Banken unter allerlei phantasievollen Bezeichnungen (z.B. "Multi-Zins-Sparen", "Express 2000", "Bonusplan") Sparpläne mit Laufzeiten meist von fünf bis zehn Jahren. Aber auch maximale Laufzeiten von 25 oder 30 Jahren sind möglich.

Die Mindestsparraten bewegen sich zwischen 20 und 100 Mark. Bei einer Anlagedauer von fünf Jahren liegt die Rendite etwa um 4,5 Prozent und wächst mit längerer Laufzeit auf ca. 5,2 Prozent. Allen Sparplänen gemeinsam ist, daß ein Bonus für`s Durchhalten gezahlt wird. Wer die Zinszahlungen bewußt in die Zukunft - beispielsweise ins steuerbegünstigte Rentenalter - verlegen will, kann Sparpläne wählen, die den Bonus erst am Ende der Laufzeit auszahlen.

Ultra-Sicherheitsbewußte können doppelt ruhig schlafen: Falls die Bank zwischendurch bankrott erklärt, sind die angelegten Gelder durch den "Feuerwehrfonds" abgesichert. Gegenüber Sparstrumpf oder Verstecken unter der Matratze sicher eine Alternative.

Rente und Euro im Internet

Rente/Zukunftsvorsorge:
Um stets aktuelle Informationen zu erhalten, empfehlen wir besonders zum Thema Rente/Altersvorsorge den Gebrauch einer Suchmaschine wie Yahoo oder Altavista. Dieser Rat erscheint sinnvoller als das Auflisten vieler einzelner Adressen. Kleiner Hinweis: Je besser Sie die unterschiedlichen Eingaberegeln der Suchmaschinen beherrschen, desto präziser (und vor allem schneller) gelangen Sie zum gewünschten Ziel. Das Thema Private Rente ist aber leider ein gutes bzw. schlechtes Beispiel dafür, was ein Überangebot an Informationen bewirken kann, nämlich ziemliche Ratlosigkeit. Versicherungsgesellschaften, Banken, Investmentfondsgesellschaften, Makler, Berater und Agenten wetteifern mit Angeboten, Darstellungen und individuellen Berechnungen.

Diese Situation unterstreicht letztlich, wie wichtig es für Sie ist, einen vertrauenswürdigen Berater zu finden, mit dem Sie ausführliche Beratungsgespräche führen können. Dagegen ist es durchaus sinnvoll, die "amtliche" Adresse der Rentenversicherung anzusteuern.

Gesetzliche Rentenversicherung:
Über Aspekte der gesetzlichen Rentenversicherung informiert für den Anfang sehr gut die Website des Verbandes Deutscher Rententräger (VDR): **http://www.vdr.de**

Vor allem finden Sie hier Hinweise auf Adressen und Telefonnummern der verschiedenen Institutionen und Organisationen sowie weiterführende Verbindungen. Hier erfahren Sie auch, wie und wo Sie Ihre voraussichtliche gesetzliche Rente ausrechnen lassen können. Gut für Leute, die spezielle Fragen an Ihre Rentenversicherung haben und nicht wissen, an welche Adresse Sie sich wenden müssen.

Euro:

Auch hier ist eine Vielfalt an Informationen und Meinungen anzutreffen. Wer einen Überblick über aktuelle Geschehnisse wünscht, sollte vielleicht die Euro-Seiten von Tageszeitungen oder Fernsehsendern ansteuern, beispielsweise die des ZDF:
htttp://www.zdf.msnbc.de/news/COMEURO_Front.asp
oder die der Zeitung "Die Welt":
htttp://www.welt.de/extra/brennpunkte/euro/brennpunkt.htm

Portalseiten der Suchmaschinen, beispielsweise Yahoo:
http://www.yahooo.de/schlagzeilen/euro.html
oder Dino Online:
htttp://www.dino-online.de/seiten/goeuro-z.htm

Wer "amtliches" zum Thema Euro sucht und ohne lange Suche schnell zur Sache kommen möchte:

Europäische Kommission:
http://www.newsroom.de/eu-kommission

Europäisches Parlament:
htttp://www.europa.eu.int/euro/html/home3.html?lang=3

Bundesregierung:
htttp://www.bundesregierung.de/03/europaf.html
oder
htttp://www.bundesregierung.de/inland/bpa/europa/html/body-der-euro.html

Europäische Zentralbank:
http://www.ecb.int/

Bundesverband deutscher Banken:
htttp://www.bankenverband.de/presse/euro.htm

Weitere Bücher von Gerhard Ziegler

Wozu noch Steuern zahlen?
Ullstein-Taschenbuch Nr. 35600 DM 14,90
ISBN 3-548-35600-1

Eine beißende Kritik an unserem Steuersystem und der Art und Weise, wie das eingetriebene Geld anschließend verschleudert wird. Dieses Buch bleibt immer aktuell, wie der Einstieg untermauert: "Wir alle haben unseren lieben kleinen Gewohnheiten. Zum Beispiel zahlen wir fleißig Steuern, und immer mehr davon. Warum eigentlich? Zu unseren Gewohnheiten zählt eben auch, zu wählen und anschließend die obligatorischen Steuererhöhungen hinzunehmen." Kommt Ihnen das bekannt vor?

Arme Rentner!
Das Fiasko der staatlichen Altersversorgung
Ullstein-Taschenbuch Nr: 35411   DM 14,90
ISBN 3-548-35411-4

Ein "Klassiker": Das Buch, das die Diskussion um die gesetzliche Rente eröffnete, ist zugegebenermaßen von der Wirklichkeit nicht nur bestätigt, sondern sogar überholt worden. Dennoch bereitet diese leichtverständliche Beschreibung der Rentenversicherung auch heute noch immenses Lesevergnügen.